《华侨大学哲学社会科学文库》编辑委员会

主　编　徐西鹏

副主编　曾　路

编　委（以姓氏笔画为序）

马海生	王丽霞	毛浩然	邢尊明	许少波	许斗斗	许培源
孙　锐	李志强	宋　武	张向前	陈历明	陈文寿	陈旋波
林怀艺	林宏宇	林俊国	郑向敏	赵昕东	胡日东	胡培安
姜泽华	贾益民	徐　华	徐西鹏	郭东强	郭克莎	黄远水
常　彬	梁　宁	曾　峰	曾　路	蔡振翔		

华侨大学 哲学社会科学文库·管理学系列

威权领导、员工沉默行为与绩效关系

A STUDY ON THE RELATIONSHIP AMONG AUTHORITARIAN LEADERSHIP, EMPLOYEE SILENCE AND JOB PERFORMANCE

杨 术 著

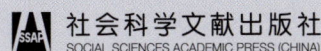
社会科学文献出版社
SOCIAL SCIENCES ACADEMIC PRESS (CHINA)

构建原创性学术平台　打造新时代精品力作
——《华侨大学哲学社会科学文库》总序

习近平总书记在哲学社会科学工作座谈会上提出："哲学社会科学是人们认识世界、改造世界的重要工具，是推动历史发展和社会进步的重要力量。"中国特色社会主义建设已经进入新时代，我国社会的主要矛盾已经发生变化，要把握这一变化的新特点，将党的十九大描绘的决胜全面建成小康社会、夺取新时代中国特色社会主义伟大胜利的宏伟蓝图变为现实，迫切需要哲学社会科学的发展和支撑，需要加快构建中国特色哲学社会科学。当前我国的哲学社会科学事业已经进入大繁荣大发展时期，党和国家对哲学社会科学事业的投入不断增加，伴随我国社会的转型、经济的高质量发展，对于哲学社会科学优秀成果的需求也日益增长，可以说，当代的哲学社会科学研究迎来了前所未有的发展机遇与挑战。

构建中国特色哲学社会科学，必须以习近平新时代中国特色社会主义思想为指导，坚持"以人民为中心"的根本立场，围绕我国和世界面临的重大理论和现实问题，努力打造体现中国特色、中国风格、中国气派的哲学社会科学精品力作，提升中华文化软实力。要推出具有时代价值和中国特色的优秀作品，必须发挥广大学者的主体作用，必须为哲学社会科学工作者提供广阔的发展平台。今天，这样一个广阔的发展平台正在被搭建起来。

华侨大学是我国著名的华侨高等学府，多年来始终坚持走内涵发展、特色发展之路，注重发挥比较优势，在为侨服务、传播中华文化的过程中，形成了深厚的人文底蕴和独特的发展模式。新时代，我校审时度势，积极融入构建中国特色哲学社会科学的伟大事业中，努力为学者发挥创造力、打造精品力作提供优质平台，一大批优秀成果得以涌现。依托侨校的天然优势，以"为侨服务、传播中华文化"为宗旨，华侨大学积极承担涉侨研究，努力打造具有侨校特色的新型智库，在海外华文教育、侨务理论与政策、侨务公共外交、华商研究、海上丝绸之路研究、东南亚国别与区域研究、海外宗教文化研究等诸多领域形成具有特色的研究方向，推出了以《华侨华人蓝皮书：华侨华人研究报告》《世界华文教育年鉴》《泰国蓝皮书：泰国研究报告》《海丝蓝皮书：21世纪海上丝绸之路研究报告》等为代表的一系列标志性成果。

围绕党和国家加快构建中国特色哲学社会科学、繁荣哲学社会科学的重大历史任务，华侨大学颁布实施"华侨大学哲学社会科学繁荣计划"，作为学校哲学社会科学的行动纲领和大平台，切实推进和保障了学校哲学社会科学事业的繁荣发展。"华侨大学哲学社会科学学术著作专项资助计划"是"华侨大学哲学社会科学繁荣计划"的子计划，旨在产出一批在国内外有较大影响力的高水平原创性研究成果。作为此资助计划的重要成果——《华侨大学哲学社会科学文库》已推出一批具有相当学术参考价值的学术著作。这些著作凝聚着华侨大学人文学者的心力与智慧，充分体现了他们多年围绕重大理论与现实问题进行的研判与思考，得到同行学术共同体的认可和好评，其社会影响力逐渐显现。

《华侨大学哲学社会科学文库》丛书按学科划分为哲学、法学、经济学、管理学、文学、历史学、艺术学、教育学8个系列，内容涵盖马克思主义理论、哲学、法学、应用经济、国际政治、华商研究、旅游管理、依法治国、中华文化研究、海外华文教育、"一带一路"等基础理论与特色研究，其选题紧扣时代问题和人民需求，致力于解决新时代面临的新问题、新困境，其成果直接或间接服务于国家侨务事业和经济社会发展，服务于国家华文教育事业与中华文化软实力的提升。可以说，该文库是华侨大学展示自身哲学社会科学研究力、创造力、价值引领力的原创学术平台。

"华侨大学哲学社会科学繁荣计划"的实施成效显著，学校的文科整体实力明显提升，一大批高水平研究成果相继问世。凝结着华侨大学学者智慧的《华侨大学哲学社会科学文库》丛书的继续出版，必将鼓励更多的哲学社会科学工作者尤其是青年教师勇攀学术高峰，努力打造更多的造福于国家与人民的精品力作。

最后，让我们共同期待更多的优秀作品在《华侨大学哲学社会科学文库》这一优质平台上出版，为新时代决胜全面建成小康社会、开启全面建设社会主义现代化国家新征程作出更大的贡献。

我们将以更大的决心、更宽广的视野、更精心的设计、更有效的措施、更优质的服务，加快华侨大学哲学社会科学的繁荣发展，更好地履行"两个面向"的办学使命，早日将华侨大学建成特色鲜明、海内外著名的高水平大学！

华侨大学校长　徐西鹏

2018 年 11 月 22 日

摘　要

在中国企业中，威权领导是一种常见的领导风格。领导与员工之间有着较明显的"上下级关系"和"权力距离"，同时"上尊下卑"的观念也会导致领导者常常严格要求员工无条件服从自己、严密地控制员工，而员工也会相应地表现出顺从、服从、敬畏、羞愧等行为，来回应威权领导的管理。然而，这样的管理模式必然存在着缺陷：我们知道，一个有持久竞争力的企业，依靠的是员工的创新性和适应性，领导命令的下达也需要和员工的反馈有效配合起来，以检验其决策的正确性和适用性。然而，当员工面对威权领导时，出于对领导、组织、工作环境等多方面压力的考虑，会隐瞒自己真实的观点，这样做的结果将直接导致员工缺乏控制感、认知失调、增加焦虑、降低生产积极性，最终对员工绩效产生负面的影响，并阻碍组织的创新，降低组织绩效。

近年来，我国管理学家越发重视中国本土化现象的研究，即在中国文化背景下探讨变量之间的作用关系。基于此背景，本书以中国企业员工为研究对象，探讨威权领导、员工沉默行为和员工绩效之间的作用机理，此举有着非常重要的理论意义和实践意义。然而通过对已有文献的整理发现，自从郑伯埙提出的家长式领导三元模型，将威权领导作为其中一个维度进行测量，后续研究学者对威权领导的研究，主要围绕以家长式领导为主的其中一个维度进行。虽然，家长式领导已经被证实广泛地存在于我国的各类企业中，从侧面证实了威权领导存在于我国企业的普适性。但是这样做的缺陷在于：威权领导与仁慈领导和德行领导之间存在负相关关系，在实际测量中，威权领导维度常常受到来自仁慈领导维度和德行领导维度的干扰，使得不同学者对威权领导与员工绩效、威权领导与组织承诺感之间关系的研究结果相违背。基于此，本书认为，将威权领导从家长式领导维度中脱离，将其作为一种独立的领导风格对我国企业进行实证研究是必要的。

在对已有文献整理分析的基础上，本书认为，威权领导强化员工沉默行为，会对员工绩效产生负面影响，基于此构建了以"威权领导→员工沉默行为→员工绩效"为主效应的理论模型。在调节变量的选取上，本书选择将组织政治知觉作为威权领导和员工沉默行为之间的调节变量；考虑到员工沉默行为是源于员工心理的变化，因此选择责任感这个变量来揭示两者之间的关系。但是在现阶段的研究中，管理学家更倾向于将责任感作为中介变量进行探讨，而将责任感作为调节变量的研究还处在起步阶段，在责任感和员工沉默行为因果关系的判断中，本书认为责任感在员工的反馈情感与反馈性质、反馈内容、反馈方式之间存在调节关系，因此，应选择责任感作为员工沉默行为和员工绩效之间的调节变量。然而，在访谈期间，责任感在员工沉默行为和员工绩效之间的调节效应受到了被访谈者的质疑。被访者认为，在现实企业中，员工沉默行为的产生在于威权领导的专制和对员工利益的忽视，员工之所以变得沉默，已经是情绪耗竭、责任感磨灭的结果，因此，将责任感引入威权领导和员工沉默行为关系的探讨更有实际意义。经过与被访者和笔者所在科研团队的再三商讨，以资源保存理论、社会交换理论为基础，提出了组织政治知觉和责任感在威权领导与员工沉默行为之间起调节作用的假设，并以此为基础，探究在"威权领导→员工沉默行为→员工绩效"模型下，组织政治知觉和责任感是否具有调节性的中介作用。

在后续的工作中，本书借鉴了国内外成熟的量表编制初始调查问卷。其中，威权领导采用郑伯埙等开发的量表进行测量；员工沉默行为采用郑晓涛编制的量表进行测量；员工绩效采用王辉开发的自评式量表进行测量；组织政治知觉采用瞿娇娇翻译的 Kacmar 和 Carlson 的量表进行测量；责任感采用 Morrison 和 Phelps 开发的企业员工责任感量表进行测量。在初始调查问卷形成后，进行了以 201 份有效问卷为样本的预测试，根据测试结果，再结合所在科研小组及被访者意见，对初始调查问卷进行修正，最终形成了正式调查问卷。在对吉林省长春市不同性质企业的员工进行调查时，正式调查问卷累计发放864份，回收709份，回收率为82%，剔除无效问卷102份，共获取607份有效样本数据，问卷有效率为86%。在数据处理过程中，进行了信度、效度、共同方法偏差的检验，并运用多元线性回归方程检验了员工沉默行为在威权领导和员工绩效间的中介作用，以及组织政治知觉和责任感在威权领导和员工沉默行为之间的调节作用，最后，在组织政治知觉和责任感调节作用成立的基础上，通过拔靴法（bootstrapping method）融合了调节效应和中介效应的检验模型，进一步探索出组织政治知觉、责任感对威权领导和员工绩效的关系有调节性的中介作用。

本书得出结论如下：（1）威权领导对员工绩效具有显著负向影响，且威权领导对任务绩效和周边绩效的影响效果相当；（2）威权领导对员工沉默行为具有显著正向影响，其中，威权领导对员工默许性沉默影响最为强烈；（3）员工沉默行为对员工绩效具有显著负向影响，其中，员工的漠视性沉默对员工绩效的影响最为明显；（4）员工沉默行为中的默许性沉默和漠视性沉默在威权领导与员工绩效间的中介作用成立，而防御性沉默仅在威权领导与周边绩效间起到中介作用，其中，员工的默许性沉默中介效应最强；（5）组织政治知觉在威权领导与员工沉默行为之间起正向调节作用，其中，组织政治知觉在威权领导与默许性沉默之间调节效应最强；（6）责任感在威权领导与员工沉默行为之间起负向调节作用，其中，责任感在威权领导与防御性沉默之间的调节效应最强；（7）使用bootstrapping融合了组织政治知觉、责任感调节效应和中介效应的检验模型，P_{YX}差异值与P_{YM}差异值不显著，两个调节变量对模型主效应、中介变量与因变量间调节效应不显著。因此，组织政治知觉和责任感无法通过威权领导对员工沉默行为产生正向影响进而对员工绩效产生影响。其中，该结论从侧面验证，在"威权领导→员工沉默行为→员工绩效"模型下，组织政治知觉和责任感在威权领导与员工绩效、员工沉默行为与员工绩效之间起调节作用的假设不成立。

在对本书结果和已有文献整理比较后，总结出本书理论贡献如下：（1）在中国文化背景下，领导与员工有着较明显的"上下级关系"和"权力距离"，以威权领导为独立领导风格，对威权领导、员工沉默行为和员工绩效之间的关系进行了探讨;(2)学者对威权领导与员工绩效之间关系的研究存在差异,本书的结果为中国情境下两者之间的负向关系提供了新的参考依据;(3)本书选取的调节变量,即组织政治知觉和责任感,更好地补充了威权领导与员工沉默行为间的权变因素;(4)虽然在"威权领导→员工沉默行为→员工绩效"模型中,组织政治知觉和责任感调节性的中介作用不明显,但是在数据处理过程中,间接地证实了组织政治知觉和责任感,在威权领导和员工绩效之间、员工沉默行为与员工绩效之间起调节作用的假设不成立,这也为后续的研究者提供了重要的参考依据。

目 录

第一章　绪论 1
　第一节　选题背景 1
　第二节　研究目的 3
　第三节　研究意义 6
　第四节　研究方法 9
　第五节　研究技术线路 10
　第六节　本书结构 11

第二章　文献回顾 14
　第一节　威权领导文献回顾 14
　第二节　员工沉默行为文献回顾 25
　第三节　员工绩效文献回顾 41
　第四节　组织政治知觉文献回顾 51
　第五节　责任感文献回顾 64

第三章　理论模型和假设 73
　第一节　现有研究的不足 73
　第二节　初期框架的探索性研究 76
　第三节　研究模型的修正 83
　第四节　研究假设 84
　第五节　本章小结 94

第四章　研究设计与预调研 ·· 95
第一节　变量的操作性定义 ·· 95
第二节　变量测量量表 ·· 96
第三节　问卷设计 ··· 101
第四节　预测试 ·· 103

第五章　数据分析与结果 ·· 109
第一节　大样本调研 ·· 109
第二节　描述性统计分析 ·· 111
第三节　信度与效度分析 ·· 113
第四节　方差分析 ··· 120
第五节　共同方法偏差检验 ··· 121
第六节　假设检验 ··· 123
第七节　结果分析与讨论 ·· 139

第六章　结论与展望 ··· 147
第一节　研究结论 ··· 147
第二节　理论贡献 ··· 150
第三节　管理启示与建议 ·· 152
第四节　研究局限及展望 ·· 155

参考文献 ·· 158

附　录 ··· 184
附录1　访谈提纲 ·· 184
附录2　小样本预测试问卷 ·· 185
附录3　大样本调查问卷 ·· 188

图表目录

图 1-1　本书研究技术路线 …………………………………… 11
图 1-2　本书章节安排 ………………………………………… 12
图 2-1　Ferris 的组织政治知觉模型 ………………………… 55
图 3-1　初期框架的主效应 …………………………………… 77
图 3-2　初期理论框架 ………………………………………… 77
图 3-3　威权领导、员工沉默行为、员工绩效关系理论模型 ……… 84

表 2-1　威权领导维度划分 …………………………………… 19
表 2-2　威权领导的结果变量研究 …………………………… 23
表 2-3　员工沉默行为维度划分 ……………………………… 29
表 2-4　员工沉默行为测量量表汇总 ………………………… 31
表 2-5　员工沉默行为个体变量 ……………………………… 33
表 2-6　员工沉默行为情景变量 ……………………………… 36
表 2-7　员工沉默行为结果变量 ……………………………… 39
表 2-8　员工绩效界定 ………………………………………… 43
表 2-9　员工绩效维度划分情况 ……………………………… 45
表 2-10　员工绩效测量量表汇总 ……………………………… 46
表 2-11　员工绩效前因变量 …………………………………… 50
表 2-12　组织政治知觉维度划分 ……………………………… 54
表 2-13　个体变量与组织政治知觉的关系研究结论 ………… 58
表 2-14　情景变量与组织政治知觉的关系研究结论 ………… 59
表 2-15　组织政治知觉与结果变量关系研究结论 …………… 62
表 2-16　责任感界定 …………………………………………… 65

表 2-17	责任感维度划分	68
表 2-18	责任感与前因变量关系研究结论	69
表 2-19	责任感与结果变量关系研究结论	71
表 3-1	被访者基本信息	80
表 3-2	本书假设汇总	92
表 4-1	威权领导测量量表	97
表 4-2	员工沉默行为测量量表	98
表 4-3	员工绩效测量量表	99
表 4-4	员工组织政治知觉测量量表	99
表 4-5	员工责任感测量量表	100
表 4-6	预测样本的人口统计学特征	103
表 4-7	威权领导的 CITC 及内部一致性分析	105
表 4-8	员工绩效的 CITC 及内部一致性分析	105
表 4-9	员工沉默行为的 CITC 及内部一致性分析	106
表 4-10	组织政治知觉的 CITC 及内部一致性分析	107
表 4-11	责任感的 CITC 及内部一致性分析	108
表 5-1	企业与员工样本特征	111
表 5-2	信度分析结果	113
表 5-3	威权领导的 CFA 结果	114
表 5-4	员工绩效的 CFA 结果	115
表 5-5	员工沉默行为的 CFA 结果	116
表 5-6	组织政治知觉的 CFA 结果	117
表 5-7	责任感的 CFA 结果	117
表 5-8	测量模型的整体拟合结果	118
表 5-9	判别效度分析结果	119
表 5-10	人口特征的 T 检验与方差分析结果（N=607）	120
表 5-11	人口特征的 T 检验与方差分析结果	121
表 5-12	变量均值、标准差及变量间相关系数	123
表 5-13	控制变量赋值	124

表 5-14	威权领导对员工绩效的影响	125
表 5-15	威权领导对员工沉默行为的影响	126
表 5-16	员工沉默行为对员工绩效的影响	127
表 5-17	员工沉默行为的中介作用	130
表 5-18	组织政治知觉调节作用的分层回归结果	131
表 5-19	责任感调节作用的分层回归结果	133
表 5-20	调节性的中介效应检验(以组织政治知觉为调节变量,默许性沉默为中介变量)	134
表 5-21	调节性中介效应检验(以组织政治知觉为调节变量,防御性沉默为中介变量)	135
表 5-22	调节性中介效应分析(以组织政治知觉为调节变量,漠视性沉默为中介变量)	136
表 5-23	调节性中介效应检验(以责任感为调节变量,默许性沉默为中介变量)	137
表 5-24	调节性中介效应检验(以责任感为调节变量,防御性沉默为中介变量)	138
表 5-25	调节性中介效应检验(以责任感为调节变量,漠视性沉默为中介变量)	138
表 5-26	假设检验结果汇总	139

第一章 绪论

第一节 选题背景

领导作为企业的灵魂人物,每一个决策都直接影响着企业当下或未来的发展。由于每个领导的成长经历、成长环境、处事风格不尽相同,不同领导的关注点存在差异:有的领导注重对生产的掌控,有的领导强调员工对自己的顺从;有的领导倾向于权力集中,有的领导则倾向于向员工放权,让员工自己做决策。衣宏涛(2012)认为,企业之间绩效的差异,有 20%~45% 来源于领导对绩效的影响。

对于一个具有持久竞争力的企业来说,领导决策和员工执行必须有效地配合起来,领导需要来自员工的反馈以检验其决策的正确性和适用性,这是因为员工既是企业的一线工作者,同时也是决策运行的实施者,对于企业的创新和管理具有重要的话语权,同时也更加了解企业中存在的问题(李芝山,2009)。因此,了解员工的想法、让员工参与决策的制定是有必要的。这样的好处在于:一方面,领导能够及时得到快速有效的信息,第一时间发现企业中存在的问题,避免产生后续的损失(Milliken 和 Morrison,2000;谭燕,2009);另一方面,得到了足够信任和重视的员工可以提高对企业的信任、忠诚度、依赖感,从而激发出他们对企业的责任感(Premeaux 和 Bedeian,2003;Bowen,2003)。

然而,在企业的日常管理中普遍存在这样一种现象:很多情况下,员工知道组织中存在的问题,而他们的建议和想法也可以改变组织的现状,增加组织的绩效,但是当被征求意见时,他们往往不愿意向领导或上级表达他们真实的想法，甚至会选择沉默或是隐瞒自己的观点等方式，以回避对问题的实质性回答。

赵冰（2007）、郑晓涛（2008）、姚圣娟（2009）等学者认为，员工之所以出现沉默行为，其根源在于中国传统文化对他们的影响。封建社会在我国的历史上占据了千年之久，儒家文化一直是历代君王用来统治和教化民众的主要理念。这种主流文化给人们塑造了一种"君子"的形象，想成为一个受人尊敬的君子，必须要拥有沉着、稳重、礼貌、谦虚、善于社交、尊重他人、敬畏权威等诸多品质，而这些不同的品质又有一个共同的特点：沉默。"少说话多做事"被视为稳重；"谨行慎言"被视为沉着；"沉默是金"被视为谦虚；"中庸之道"被视为善于社交；"君让臣死臣不得不死"被视为忠诚与敬畏。在这种文化影响下，员工往往会得到这样的心理暗示：有的时候，只有保留自己的观点，顺从他人的意见，才能避免冲突的发生，进而和别人保持良好的关系。

导致员工沉默行为发生的因素除了传统文化之外，还有 Tung（2001）提出的"面子说"、Hofstede（1993）提出的"权利距离说"、陈东平（2008）提出的"集体主义说"、Premeaux（2003）提出的"领导风格说"等。员工要想在企业中得到领导和同事认可，就需要和上级保持一致、和同事保持良好的关系，而员工沉默作为一种避免摩擦冲突、避免独树一帜的行为，自然是员工在特定情况下的首选。

Carver等（1985）的研究发现，领导是导致员工沉默行为的最大因素：第一，由于负面信息常常让人害怕和不舒服，领导会本能地拒绝和回避负面信息的反馈；第二，对以凝聚团队核心力为首要目的的领导而言，来自下属的声音常常被归类于对其权威的挑战，领导也会尽力避免和减弱这种行为的发生；第三，每个领导都有各自的喜好，他们会根据个人的喜好来区别对待和员工的关系，具体表现为对志同道合的员工多一些倾听，而对一些不喜欢的员工则失去耐心和减少交流。

威权领导作为一种"命令性"的高度控制性的领导风格，会导致下属丧失自主性，削弱其对环境的掌控能力，对下属的自我表达起到抑制作用（Block，1987）。已有的研究表明，威权领导对员工沉默行为具有显著加强作用（康乐乐，2012；贾真，2014；肖方鑫，2014）。然而，学者对于威权领导的研究，多数将其作为家长式领导的一个维度进行处理。直至近几年，学者开始关注以威权领导为自变量的多个变量之间关系的研究。

而员工沉默行为作为一种员工负向的行为，会在员工面对威权领导时得到强化，给员工的心态、情绪带来消极影响，并降低员工的效率和工作产出，最终对组织造成不可弥补的损失。Dyne（2003）、郑晓涛（2006，2008，2009）、李芝山（2009）、贾娟宁（2009）等学者的一系列研究表明，员工长时间保持沉默，会对自身的重要性产生怀疑，认为自己被组织孤立，使自身的情绪和工作满意度受损，最终降低自己的绩效，甚至产生离职的倾向。

March（1991）、Nemeth（1997）、Dundon（2004）等学者的研究结果表明，员工沉默行为最终会给组织带来负面影响。沉默的氛围一旦产生，一方面，组织对接收负面信息反馈的能力将减弱，这会延长组织对错误事件的判断时间，浪费资源；另一方面，员工有效的建议和创新将大大减少，这会降低组织的创新能力。同时，员工离职倾向的加强，会导致组织持有较高的离职率，造成人才的流失，最终降低组织绩效。

本书选取威权领导、员工沉默行为、员工绩效这三个变量，验证威权领导对员工绩效的负面影响、员工沉默行为对员工绩效的负面影响；检验员工沉默行为在威权领导和员工绩效之间的中介作用。同时，引入组织政治知觉和责任感这两个调节变量的目的是，一方面，探求组织政治知觉和责任感在威权领导与员工沉默行为之间的调节作用；另一方面，探求组织政治知觉、责任感在威权领导和员工绩效之间是否有调节性的中介作用。

第二节　研究目的

本书以我国文化为背景，在整理大量文献的基础上，选取了威权领导、员工沉默行为、员工绩效、组织政治知觉、责任感五个变量作为研究重点，旨在讨论如何弱化组织中威权领导对员工沉默行为、员工绩效的影响。在现有研究中，学者对威权领导的讨论，主要集中在以家长式领导为主的一个维度中进行，而以威权领导为自变量，对其与员工沉默行为、员工绩效之间关系的研究仍处于起步阶段。在以往的研究中，首先，威权领导与员工绩效之间的关系仍存在争议（Cheng 等，2004；邓志华等，2012）；其次，对组织政治知觉和责任感在威权领导与员工沉默行为之间的调节作用的研究相对不足；最后，组织政治知觉和责任感在威权领导与员工绩效之间是否有调节性的中介作用的研究还处于起步阶段。因此，本书主要解决以下几方面问题。

1. 检验员工沉默行为的中介作用

本书将威权领导作为自变量，员工沉默行为作为中介变量，员工绩效作为结果变量，验证威权领导对员工绩效、员工沉默行为对员工绩效的负向影响程度，并检验员工沉默行为在威权领导和员工绩效之间的中介效应。同时，将员工沉默行为划分为默许性沉默、防御性沉默、漠视性沉默等三个维度；将员工绩效划分为任务绩效、周边绩效两个维度，探讨研究变量不同维度之间的关系。

（1）威权领导与员工绩效

在现有的文献中，学者对于威权领导与员工绩效两者关系的研究结果相异，研究结果大致分为三种：显著正相关（杨国亮等，2012 等）、显著负相关（Wu 等，2012 等）、无相关性（鞠芳辉，2007）。

第一，显著正相关。台湾学者邱木坤（2008）研究结果表明，游艇业威权领导对组织绩效的满意度方面具有正向影响。杨国亮等（2012）认为，若管理者具有高度社会责任取向时，威权领导往往能正向影响组织的创新绩效。

第二，显著负相关。邱佳理（2013）认为，威权领导对周边绩效有着消极作用。Wu 等（2012）的研究结果表明，威权领导行为可能会损害部属的任务绩效表现。

第三，无相关性。张新安等（2009）、宋崎（2011）认为，威权领导会对下属的工作态度和员工绩效带来负面的影响，最终降低组织的团队绩效。然而在他们的研究中，这一理论并未得到数据的支持。

综上所述，学者对威权领导与员工绩效之间关系的研究结论存在较大的差异。本书将出现这种差异的原因归结为四点：第一，现有对威权领导的定义，片面地强调了威权领导的消极意义，而忽略了威权领导者的能力、威望等积极要素（曾垂凯，2011）；第二，对威权领导关注的内容没有统一定论，以员工个人服从为控制对象的威权领导，和以员工工作结果为控制对象的威权领导，给员工绩效带来的影响是有差异的；第三，威权领导作为家长式领导的一个维度，在测量中会受到来自仁慈领导、德行领导维度的干扰，而对于每个维度的权重占比和它们之间关系的研究略显不足；第四，不同的量表、样本差异、文化差异也会给威权领导和员工绩效之间的关系带来影响。

（2）威权领导与员工沉默行为

Redding 和 Casey（1976）的研究表明，中国管理者比外国管理者更加专权，在信息分享、决策参与制定等方面会弱化员工的存在。这意味着威权型领导更容易使员工保持沉默。而中国企业中的领导具有较高的权威，同时与下属保持了较大的权力距离，在决策制定中，来自下属的声音则被认为是对领导权威的挑战，因此，员工往往会保持沉默（Chen，1995）。康乐乐（2012）、张蓝戈（2014）的研究也表明，威权领导对员工的默许性沉默、防御性沉默、漠视性沉默均有显著正向影响。同时，威权领导对组织沉默也具有显著正向影响（肖方鑫，2014）。

（3）员工沉默行为与员工绩效

郑晓涛（2006）将员工沉默行为划分为默许性沉默、漠视性沉默、防御性沉默三个维度，将员工绩效划分为任务绩效和周边绩效两个维度，研究结果表明：漠视性沉默对任务绩效具有显著负向影响，而默许性沉默和防御性沉默对员工的任务绩效负向影响效果不明显；而默许性沉默、防御性沉默和漠视性沉默对员工的周边绩效具有显著负向影响。

2. 检验组织政治知觉在威权领导与员工沉默行为之间的调节作用

Ferris 等（1992）的研究表明，员工与上司关系的远近会影响员工的组织政治知觉。邵兵等（2008）认为，领导风格会对员工组织政治知觉产生影响，具体表现为：变革型领导抑制员工的组织政治知觉，而交易型领导会促进员工的组织政治知觉。

威权领导和交易型领导的消极例外管理维度定义互有交叉。因此，威权领导与组织政治知觉之间必然存在一定的相关性。本书有理由相信：组织政治知觉越高的员工，在面对威权领导时，越容易为了保护自身的利益而产生员工沉默行为。该结论可以为组织弱化员工沉默行为提供一个有效的途径。

3. 检验责任感在威权领导与员工沉默行为之间的调节作用

在责任感和员工沉默行为关系的研究中，Lepine 和 Dyne（2001）的研究结果表明，责任感会对员工沉默行为产生影响；而蒋玮静（2010）的研究则表明，责任感在员工的反馈情感与反馈性质、反馈内容、反馈方式之间存在调节关系。因此在中国文化背景下，责任感和员工沉默行为之间的关系还有待证实。

结合学者们的理论研究和笔者对不同企业员工及管理者的访谈，本书认为：当员工遇到威权领导时，会变得缺乏控制感，降低工作满意度，进而诱发沉默行为，最终降低绩效。而在这个过程中，责任心越强、责任感越强的员工，负面的情绪和心理状态对他们的影响越弱，诱发员工沉默行为的可能性就越小。

本书成果可以为组织提供一种有效的方法，培养和提高员工的责任感来抑制员工沉默行为的发生，进而提高员工绩效。

第三节　研究意义

组织中的员工沉默行为一直受到学者和企业管理者的普遍关注，如何削弱和避免员工沉默行为的负向影响已经成为管理者制定规则的一个重要考量。威权领导风格会破坏员工成长和交流的环境，员工的潜能和解决问题的能力也会被抑制，最终降低员工绩效，使得企业在竞争中处于劣势地位。胡兵（2010）认为，在实际管理的过程中，领导风格的多样化会导致领导对下属管理方法、行为、态度不尽相同，进而给员工带来不同的认知感觉，最终对员工的行为产生影响。

本书对员工沉默行为的前因变量和结果变量进行了总结，在此基础上，引入组织政治知觉和责任感两个变量，验证其在威权领导和员工沉默行为间的调节效应，并以此为基础，探讨组织政治知觉和责任感在模型主效应中是否有调节性的中介作用。这对组织弱化员工沉默行为、提高员工绩效有着重要的理论意义和现实意义。

1. 理论意义

（1）探讨威权领导、员工沉默行为与员工绩效之间的作用机理

在郑伯埙（2000）提出家长式领导三元模型后，后续研究学者对威权领导的研究主要集中在以家长式领导为主的一个维度上。然后，在实际测量中，由于威权领导和仁慈领导、德行领导之间存在负相关关系，威权领导维度与结果变量的关系常常受到另外两个维度的干扰。因此，在中国文化背景下，以威权领导为独立领导风格，进行普适性研究是具有理论意义的。

关于沉默行为的提出，最早源于传播学和心理学，直到 Dyne 等（2003）对员工沉默行为范畴进行了界定，才拉开了管理学家对于沉默行为研究的序幕。而国内学者郑晓涛（2006）将 Dyne 等（2003）的量表进行了翻译补充，开发了适合中国背景下的员工沉默行为量表，掀起了国内学者对沉默行为的研究高潮。

通过对文献的整理我们发现，在中国文化背景下，员工沉默行为在家长式领导三个维度和员工绩效之间起中介作用（贾真，2014）。然而在这个结果中，对威权领导的测量，可能会受到来自仁慈领导和德行领导的干扰，使得测量结果有失准确（郑伯埙，2000）。因此，本书将在后续的研究中，以威权领导为独立领导风格，检验各个变量关系，并逐步细化其中的内在联系，探索变量与变量之间各维度的关系。

（2）探讨威权领导对不同组织政治知觉员工沉默行为的影响

本书对组织政治知觉的研究一共包含两方面：一是检验组织政治知觉在威权领导和员工沉默行为之间的调节作用；二是在此基础上，探讨组织政治知觉在威权领导和员工绩效之间是否有调节性的中介作用。

Dutton（1997）、康晓然（2012）的研究结果显示，组织政治知觉会对员工的工作压力、不确定性、工作焦虑等方面造成影响，导致员工认知的失调。笔者在对不同企业的员工和管理者访谈时发现，组织政治知觉越高的员工，往往越容易出现员工沉默行为：面对威权领导时，出于保护自己的目的强化沉默行为，以换取与领导步伐的一致，并以此表达对领导的忠诚。

（3）探讨威权领导对不同责任感员工沉默行为的影响

本书对责任感调节作用的研究也包含两个方面：一是检验责任感在威权领导和员工沉默行为之间的调节效应，二是以此为基础，探讨责任感在威权领导和员工绩效之间是否存在调节性的中介作用。

沉默行为的发生源于员工内心的变化，郑晓涛（2006）也将沉默行为划分为默许、防御、漠视三个维度，并以此阐释了员工产生沉默行为的原因。本书认为，责任感作为正向的心理变量，在一定程度上对员工的负面情绪和行为会起到抑制作用，从而减弱员工沉默行为对员工绩效的影响。

2. 实践意义

在企业实际的运营中，员工往往渴望通过建言、努力工作等方式改进组织绩效，以求得到领导的赞许，进而获得晋升的机会。但是在面对威权领导时，员工往往采取沉默的策略来表达和领导观点的一致性，这样的做法可能对员工的任务绩效和周边绩效（组织公民行为）带来巨大的负面影响。

与西方企业员工相比，中国企业的员工则更容易产生沉默行为：在中国组织情境下，受到"集体主义倾向"和"权力距离"传统文化的影响，企业内部重视人际和谐，提倡中庸思想，因此，员工常常采取消极适应的"沉默"行为，来避免和上级、同事间产生摩擦。这种行为不仅损害员工个人的利益，而且随着员工消极态度和行为的转变，最终对组织的利益也造成了一定的侵害。本书研究结果可以在解释此类现象产生、弱化员工负面行为等方面提供相关参考和借鉴。

第一，识别员工沉默行为的中介作用，可以为威权领导者在提高员工绩效时提供一个选择方向。

第二，揭示组织政治知觉的内在机理，有助于管理者更深刻地认识员工沉默行为发生的条件和过程，可以有针对性地制定相应措施，并在一定程度上避免和弱化员工沉默行为的发生。

第三，对员工责任感的探讨，可以指导管理者在日常工作中通过培养员工的责任感来抑制员工沉默行为的发生，进而提高员工绩效；亦可在招聘时选择责任感较强的员工，来弱化组织沉默的氛围对员工绩效负向的影响。

第四，通过检验组织政治知觉、责任感在威权领导和员工绩效关系之间是否有调节性的中介作用，可以更好地为管理者揭示威权领导影响员工绩效的作用路径。

第四节　研究方法

1. 文献分析法

本书通过对已有文献的回顾，阐述了威权领导、员工沉默行为、员工绩效、组织政治知觉、责任感这五个变量概念演化的过程，并对这些变量的研究现状进行了述评，着重指出现有研究中所存在的不足及理论欠缺。同时，在探讨模型内变量之间的关系时，借鉴了社会学、心理学相关基本理论，并以此为依据构建了本书的研究框架。

2. 深度访谈法

形成理论框架后，笔者对电力、教育、饲料、医疗等行业的数十位领导和员工进行了深度访谈，并对理论框架的合理性进行验证：首先，进一步了解威权领导对员工态度、行为、绩效、心理等方面的影响；其次，深究员工沉默行为形成的因素，总结沉默行为发生时员工采取的策略和行动，以及这些策略和行动给员工和组织带来的影响；最后，总结不同组织政治知觉和责任感的员工，在面对威权领导时因自身沉默行为受到的影响，以及在后续工作中各自不同的表现。

通过对访谈所获取信息的理解和分析，基本验证了理论框架和内容的逻辑性，在此基础上，本书对理论模型进行了修改，并提出了研究的整体假设。

3. 问卷调查法

在随后的研究中，使用问卷调查法进行第一手数据的收集。该方法可以为研究者节约大量的时间精力，同时具有较高的有效性。本书将秉承实证研究一贯的原则和方法，使用调查问卷对数据进行收集，进而对模型的建构和所提出的理论假设进行检验。

使用调查问卷收集数据分为两个步骤进行：第一，小范围的预调研，通过测试调查问卷的信度和效度检验其是否达到了统计要求的标准，在此基础上，结合学者、企业管理者的意见，对问卷存在问题和具有争议的题项进行修改；第二，通过大规模地发放纸质问卷，并对回收的有效问卷进行数据处理，验证提出的理论假设。

4. 统计分析方法

本书采用 EXCEL、SPSS 16.0、AMOS 18.0 等统计软件对所收集的数据进行分析，具体操作包括：第一，采用 Cronbach' α 系数、探索性因子分析和验证性因子分析，来检验测量量表的信度（内部一致性）和构念的效度（聚合效度、区分效度）；第二，利用独立样本 T 检验、单因素方差来考察员工沉默行为的样本特征差异性；第三，利用 Pearson 相关分析法检验威权领导、员工沉默行为、员工绩效之间的相关性，并以此为基础，对变量之间的因果关系进行检验；第四，利用多元线性回归分析法，检验员工沉默行为的中介效应，以及组织政治知觉和责任感的调节效应；第五，利用拔靴法（bootstrapping method）对组织政治知觉和责任感是否有调节性的中介作用进行检验。

第五节 研究技术线路

本书从企业的现实问题出发，通过回顾相关理论文献，以及梳理各变量之间的关系研究其演化过程，进而评述威权领导、员工沉默行为、员工绩效之间的内在联系，以及组织政治知觉和责任感的调节效应；在此基础上，提出了本书的初期理论框架，通过和被访谈对象及研究小组成员的讨论，对初期理论框架进行修改，最终确立了本书的理论模型；在编制测量问卷的过程中，选取现有国内外成熟量表，并通过小样本预测试，结合测量数据和实际访谈内容，对预测试问卷进行题项删减，最终形成正式调查问卷，进行大样本的数据采集；在剔除无效问卷后，利用统计软件对数据进行录入和分析，以检验研究中提出的理论假设，并探讨假设成立与否的内在原因；最后根据研究结果，对管理实践提出有效指导，同时指出该研究的不足之处以及进一步改进的努力方向（见图 1-1）。

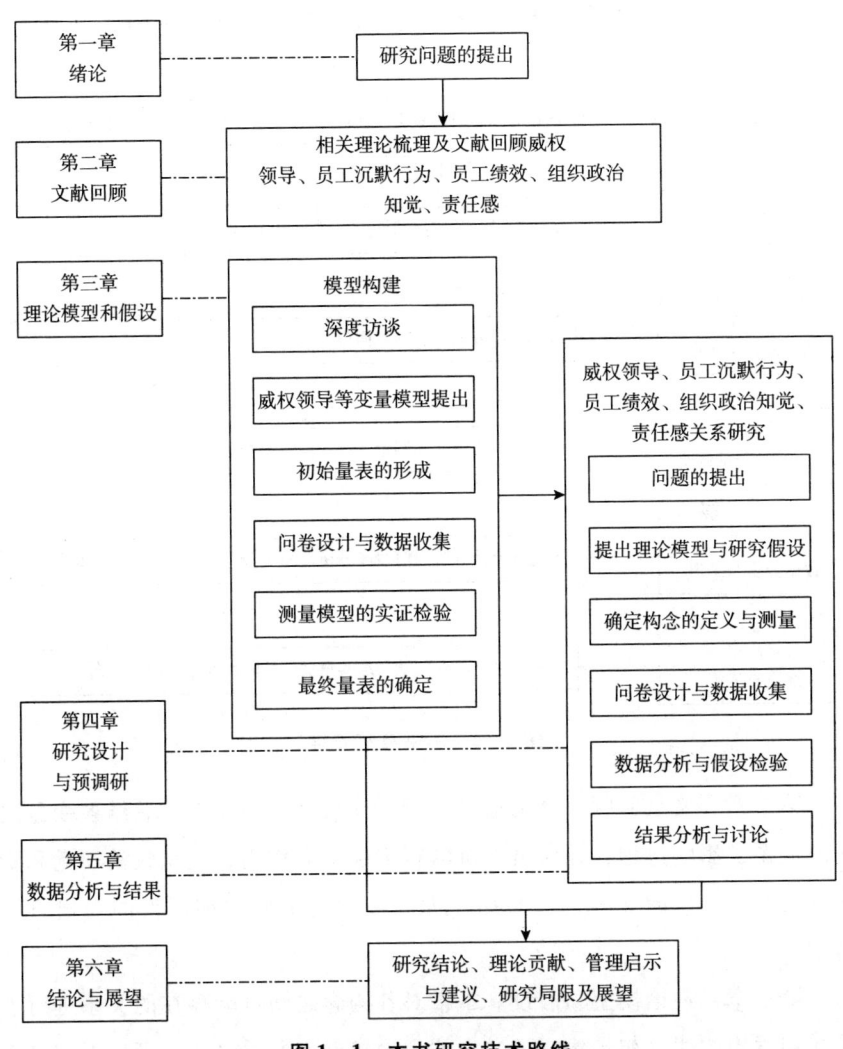

图1-1 本书研究技术路线

第六节 本书结构

基于上述研究流程并参考实证研究的基本范式,本书具体章节内容(见图1-2)如下。

第一章:绪论。本书从中国企业普遍存在的"沉默"现象出发,结合相关理论提出了将要研究的问题,并简要描述了本书的三点目的、理论意义和实践意义，同时对研究方法、内容和论文结构进行了阐述。

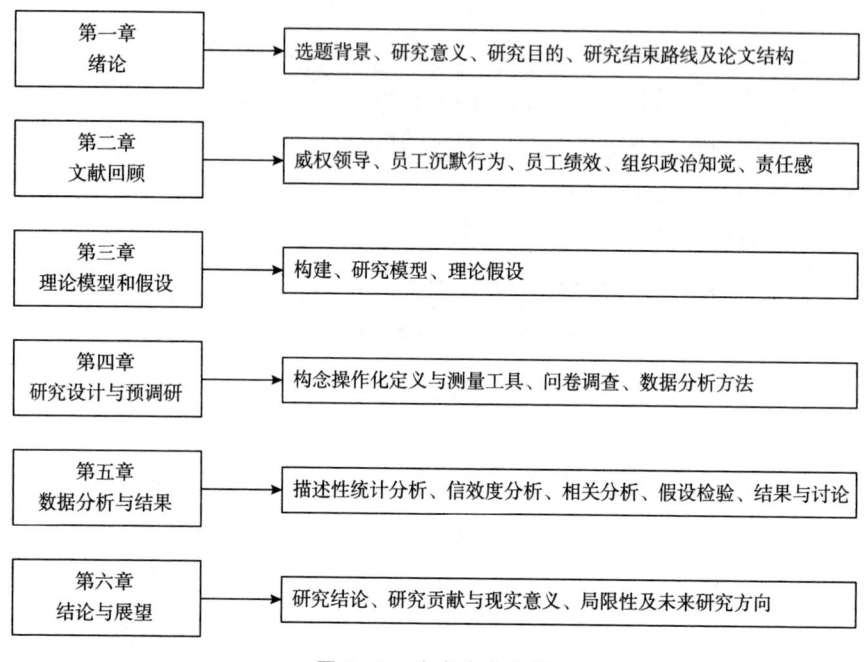

图1-2 本书章节安排

第二章：文献回顾。本书通过对所选变量文献的梳理，总结各变量之间的关系及影响过程，并对员工沉默行为起中介作用、组织政治知觉和责任感起调节作用的文献进行总结，为后文的理论模型和假设的提出打下基础。

第三章：理论模型和假设。本章对各构念之间可能存在的关系进行了推演和逻辑阐述，初步建立了文本的理论模型。通过对企业管理者和员工的实地访谈，对模型进行检验和修正，从而确定最终模型并提出相关假设。

第四章：研究设计与预调研。在第三章的基础上，借鉴国内外现有成熟量表，遵循问卷设计原则进行初始问卷设计，并通过小规模的预调研，结合被访谈者和研究小组成员的建议，对问卷题项进行删减，最终形成正式调查问卷。

第五章：数据分析与结果。第一，对样本进行描述性统计分析；第二，检验测量量表的信度、构念的效度、共同方法偏差；第三，对威权领导、员工沉默行为、员工绩效之间主效应,以及组织政治知觉和责任感的调节效应进行验证;第四,对组织政治知觉和责任感,在模型中调节性的中介作用进行检验。

  第六章:结论与展望。本章根据研究结果,对结论做进一步的深入解释和分析,同时指出其理论意义和实践启示,最后总结研究的局限性和未来研究的方向。

第二章 文献回顾

第一节 威权领导文献回顾

1. 威权领导的含义

早期的研究者以 Freud（1895）提出的人格方面的"冰山理论"和中国数千年文化中的"帝王制度""法家思想"来解释威权领导产生的根源。Freud 认为，人格就像海面上的冰山，被看见的仅仅是一小部分，因此威权领导通过隐藏自己来达到震慑员工的目的（郑伯埙，1995）；而 Chan（1963）则认为，威权领导在华人组织中与法家强调的严峻刑法、严格控制、中央集权等驭下思维有密切的关系：领导会将权术藏在心中并视情况伺机而动，在必要的时候通过权术来控制下属的思想和言行，以防止权力旁落（黄光国，1991）；同时，法家强调上位者要与下属保持地位差距，以此给下属带来逼迫感，迫使下属顺服其统治（卢瑞容，2000）。樊景立和郑伯埙（2000）根据以往学者的研究，将威权领导定义为一种管理者强调其权威性、严密地控制下属，并要求下属绝对服从的领导风格。

2. 威权领导的理论发展

管理学家对威权领导的研究，是随着家长式领导理论的不断完善而进行的。Sliln（1976）通过对我国台湾地区一个家族式企业的研究，发现其领导风格与西方的领导风格相异，其中的中央集权、上下级距离（威权领导）等现象是西方经典领导理论中不曾涉及的；Redding（1990）从对新加坡、印度尼西亚等地华人家族企业的研究中发现,领导者常常保持着如"不会明确表达计划"等七种行为;Westwood(1992)则将华人企业中出现的领导风格归结为命令与服从,直至郑伯埙(1991)将华人领导风格划分为立威(威权领导)与施恩(仁慈领导),并将其归纳为家长式领导二元理论,才使得威权领导和家长式领导的概念受到我国管理学家的关注。

(1) Sliln 的研究

Sliln(1976)对台湾的一家大型私企进行了个案研究,通过与老板、经理人、员工面谈发现,该企业老板与经理的领导作风与西方企业的领导作风截然不同。Sliln 将该企业的领导风格总结为:教诲式领导、德行领导、中央集权、保持上下级距离、领导意图和控制。Sliln 认为,华人社会组织的领导与西方有不同的特质,在华人企业中,领导是不会犯错误的,公开地提出质疑则代表对领导者的不信任;由于华人企业中的上下级权力距离很大,下级必须用适度畏惧的方式来表达对领导的尊重。

(2) Redding 的研究

Redding(1990)受到 Sliln 等学者的影响,通过对 72 位华人企业主管的深度访谈,开始探讨华人家族企业的经营和管理方式。Redding 指出,华人看世界的方式有别于欧美人,主要源于双方文化根源的不同,导致基本信念与价值、社会结构、关系法则、行动准则都不相同,并将华人经济文化的特质称作"中国式资本主义",认为"父权家族主义"是华人企业的一个重要特征。同时,Redding 将华人企业中的领导特征归纳为七点:下属在心理上依赖领导、下属愿意服从领导、领导会根据下属的观点来修改自己的专断、不能对被认定的权威视而不见、社会权力距离大、领导的意图不明确表达、领导者是标准和导师。

(3) Westwood 的研究

Westwood(1992,1997)认为,领导这个概念源于西方研究者,西方在观念上趋向于民主和参与风格,而东方的领导则通过自己在企业中的地位和权力对组织内部的资源进行掌控和分配。东方的领导有两个要求:命令与服从、社会和谐,下属可能较为认可专制与命令的领导风格。Westwood 总结出九种华人企业中的特定领导风格:教诲式领导、领导意图不明、重视声誉、维持支配权、讲究权术、个别照顾与徇私、削弱冲突、社会权利差距大、对谈理想。

(4) 郑伯埙的研究

郑伯埙（1991）在 Sliln（1976）的研究基础上，深入探讨华人家长威权领导与领导行为的关系。经过对多家台湾地区家族式民营企业的研究，郑伯埙发现华人领导者具有两种共同的行为类型：立威与施恩，并将这两类型行为归结为家长式领导二元理论。

郑伯埙（1995，1996）在接下来的研究中，对多位台湾地区民营企业组织领导者与一级主管进行访谈，同时深入一家企业担任顾问。在进行参与式观察后，郑伯埙将领导的立威行为划分为四种：威权作风、贬抑下属能力、形象整饬、教诲行为。其中，①威权作风是指领导严密监控下属，并拒绝与下属信息共享；②贬抑下属能力是指领导者漠视下属的贡献，将一切荣誉归功于自己，当出现问题时将责任归于下属；③形象整饬是指领导常常维护自己的尊严，通过操控信息来维护自己权力距离的优势，以塑造良好形象；④教诲行为是指领导要求下属创造高的绩效，并指导下属如何能够完成任务。因此，郑伯埙（1995）认为威权领导展示了华人组织中领导的控制意愿，领导受到"上尊下卑""上下级关系"文化的影响，要求员工服从命令，并严密控制员工的行为，员工相应地会表现出敬畏顺从。

郑伯埙（2000）在后续的研究中，在立威和施恩基础上加入了德行维度，最终提出了家长式领导三元模型理论。郑伯埙认为，随着时代的进步，贬抑下属贡献、顺从威权等价值观与现代无法相容，因此将威权领导维度划分从原来的威权作风、贬抑下属能力、形象整饬、教诲行为四个维度，修改扩展成威服、专权、隐匿、严峻和教诲五个维度，并将威权领导定义为：受儒家文化的影响，领导在管理的过程中扮演着父亲的角色，拥有父亲般威严的同时，下属必须有儿子一般的忠诚与服从。郑伯埙认为，仁慈领导、德行领导和威权领导之间可能具有负相关关系：一方面，领导者逐渐受到下属的认同，可能逐步减少其行使威权领导的必要性；另一方面，下属因为适应了某些威权领导的行为，对威权领导的感受变得麻木。在组织中，同一个领导很难同时表现施恩与立威的行为，同样在我国的家庭中，亦有严父慈母的角色分工，暗示了仁慈领导和威权领导可能某种程度的负相关。

(5) 其他学者的研究

后续的学者对威权领导进行了普适性研究，主要集中在两个方面。

第一，不同文化和地域背景下威权领导研究。郑伯埙（2000）的研究仅仅表明，威权领导存在于台湾地区的家族式企业中。而领导的内容是镶嵌在文化之内的，随着文化的不同，领导的内涵和效能存在差异。在某些文化或地域内被证实有效的领导行为，在另一种文化、地域内则不见得如此（Chemers，1993）。张德伟（2001）对台湾地区军事组织领导的研究、邱盛林（2001）对台湾地区公共部门领导的研究、蔡居隆（2002）对台湾南部邮局领导的研究、杨相中（2002）对国防科研机构领导的研究、许逸华（2005）对银行销售人员领导的研究都证实了威权领导的存在。周浩（2006）的研究表明，威权领导也广泛地存在于中国大陆的企事业单位中。

第二，以郑伯埙团队为代表的对威权领导的后续研究。樊景立与郑伯埙（2000）在研究中指出，随着社会的进步，顺从威权的价值观与现代无法相容，威权领导也由此产生了两种形式的转变：第一，威权领导会减少有损个人人格尊严的领导行为，例如贬抑下属贡献、绝对权威等，但依旧会通过印象整饬、提供指导来强化对下属的控制；第二，威权领导可能将对员工行为的控制转向他们所重视的核心价值观上，下属不再是对一个人的顺从，而是对制度的顺从。郑伯埙和周丽芳（2005）对威权领导的这两种转变进行了详细的区分：以员工个人为控制对象的威权领导和以工作取向为控制对象的威权领导。其中，以员工为控制对象的威权领导是指领导强调对下属个人的威权控制，以引发下属的服从、顺从和畏惧；工作取向的威权领导则是指领导强调对下属任务的控制，要求下属获得高绩效，并维护组织的规范，引发下属的自我要求和对工作的敬业态度。Aycan 和 Kanungo（2006）、Chou 和 Cheng（2007）、Farh 等（2008）等学者的研究也支持了威权领导的演变。威权领导在现代华人组织中，确实可区分成两部分：一种是操控下属的专权领导，一种是监控任务、要求绩效的尚严领导。本书采用樊景立与郑伯埙（2000）对威权领导的定义，认为威权领导强调其权威性，是一种严密控制下属，要求下属绝对服从的领导风格。

后续学者在郑伯埙研究的基础上，一方面开始对威权领导的普适性进行推广；另一方面对威权领导的构念进行修改。然而，经过实证研究发现，威权领导在测量时容易受到仁慈领导和德行领导维度的干扰，测量结果往往存在差异（李超平，2007；邱木坤，2008；Wu等，2012等）。在我国企业中，由于领导受到传统文化的影响，认为自己比下属更加尊贵，需要与下属拉开距离以保持神秘感和权威性，故而常常表现出专断和权威的行为，而这种文化也促使下属认同领导的观念，接受地位的不平等，并习惯于听从领导的安排、服从领导的命令。针对这种现象本书认为，在我国的文化背景下，将威权领导作为独立的领导风格进行实证研究，有着重要的意义。

3. 威权领导的维度与测量

（1）威权领导维度的划分

威权领导产生的根源在于中国古代以"君为臣纲，父为子纲"为代表的儒家思想和以"权力积累、高压统治"为代表的法家思想（Chan，1963；Bellah，1970）。随着时代的进步与发展，威权领导发生了一定程度的转变。而研究威权领导的学者也逐渐分为两个流派。

一部分学者仍然保留对法家概念的诠释，认为威权领导以控制员工为主，强调员工对上级的服从；另一部分学者认为，现代化的威权领导剔除了有损员工的行为，对员工个人的控制则更多地转向对员工绩效的控制，更多地要求员工遵守规章制度。

学者根据自己对于威权领导构念的理解，对威权领导进行了维度的划分。

以郑伯埙（1995，1996）为代表的学者，根据威权领导控制重点的不同，将其划分为专权领导和尚严领导。其中，专权领导注重对员工个人的控制，要求员工的绝对顺从和服从，并通过贬低员工、独断专行、信息控制等手段达到控制员工的目的；尚严领导则注重对员工工作结果的控制，通过严密监控员工工作任务和工作流程要求员工达到高的绩效，并以此来维护组织的利益和规范。通过对专权领导和尚严领导的研究，学者发现这两个维度对员工心理效能会产生不同影响效果（周婉茹，2009）。郑伯埙等（2000）在随后的研究中提出了家长式领导的"三元模式"，在该模式中，将威权领导细化为威服、专权、隐匿、严峻和教诲五个维度。

Farh（2008）在前人研究的基础上，对威权领导含义进行了修改，并剔除了威权领导中"专权作风""贬抑员工能力"等负面解析，同时增加了"严格纪律"的维度，使得修改后的威权领导更好地融入了家长式领导的概念。

Chen 和 Leung（2012）以归因理论为基础，将威权领导划分为两个维度：教诲规劝式领导和独裁领导。其中，教诲规劝式领导是指上级积极地指导员工，以促进员工的绩效和角色行为；独裁领导则具有消极导向的作用，在损害员工积极性的同时，对员工绩效和角色行为产生消极的影响。

Chiang（2012）根据威权领导决策制定和实施过程，将其划分为威权决策制定、威权决策执行两个维度。其中，威权决策制定是指领导在决策制定过程中，通过被赋予的决策权和否定权单方面作出决定，而威权决策执行则强调威权领导在决策执行过程中的权威性。

李宜秦等（2012）将威权领导划分为三个维度：专权、教诲与贬抑行为。李宜秦等的研究表明，威权领导的这三种行为对员工情感和效能有不同程度的影响。王毓婧（2013）则认为威权领导具有四大类行为：专权作风、抑制下属的能力、形象整饬以及教诲行为。

表2-1是笔者根据已有文献总结出的威权领导维度划分。

表2-1 威权领导维度划分

威权领导维度划分		学者
二维度	专权领导、尚严领导	郑伯埙（2000） 周婉茹（2009）
二维度	教诲规劝式领导、独裁领导	Chen 和 Leung（2012）
二维度	威权决策制定、威权决策执行	Chiang（2012）
三维度	严格纪律、形象整饬、教诲行为	Farh（2008）
三维度	专权、教诲、贬抑行为	李宜秦等（2012）

续表

威权领导维度划分		学者
四维度	专权作风、抑制下属的能力、形象整饬、教诲行为	王毓婧（2013）
五维度	威服、专权、隐匿、严峻、教诲	郑伯埙等（2000）
八维度	专权作风、控制信息、强调服从、贬抑贡献、教诲训责、要求卓越、形象整饬、隐藏意图	郑伯埙（1995）

资料来源：笔者根据相关资料整理。

(2) 威权领导的测量

郑伯埙（1995）在提出家长式领导二元理论时，运用了观察法和深度访谈法确定问卷题项，随后运用了因子分析，确定了家长式领导包含立威（威权领导）和施恩两个维度，而每个维度又被分为八个子维度。其中，家长式领导的立威维度，即威权领导包括专权作风、控制信息、强调服从、贬抑贡献、教诲训责、要求卓越、形象整饬、隐藏意图。在随后的研究中，郑伯埙（2000）加入了德行领导这个变量，将二元量表最终编制成家长式领导三元测量量表（Paternalistic Leadership Scale）。家长式领导测量量表包含了"仁慈领导"的11个题项、"德行领导"的九个题项和"威权领导"的13个题项。随后郑伯埙对台湾的企业和教育机构进行调研，收集到538份企业样本和509份学校样本，并进行了验证性因子分析，分析结果表明：该问卷中，家长式领导的三个分量表一致性非常高，这也说明这套量表对于企业和学校都非常适用。该量表也成为后续学者对家长式领导构念实证研究的常用量表。

Farh以郑伯埙（2000）的家长式领导量表为基础，在立威维度中删除了贬抑贡献，将"专权作风"更改为"最终决策权"，将"控制信息"更改为"严守关键信息"，将"教诲训责"更改为"不能容忍"，同时还增加了"期望服从"和"严格执行制度"子维度。

务凯等（2009）对郑伯埙（2000）编制的量表进行了修改，将威权领导分量表的题项从13个缩减至9个。他们通过对285名企业管理人员的测量以及对数据结果的分析，证明该量表具有良好的信度和效度。

4. 威权领导的相关变量研究

（1）威权领导的前因变量

目前，学术界对于威权领导的归因主要集中在传统文化、领导个性特征的研究上。郑伯埙（2000）的研究表明，中国古代文化中的法家思想是影响威权领导的重要因素。吴宗佑等（2008）认为威权领导者遵从威权取向，威权取向越高，威权领导风格越明显。而 Kiazad 等（2010）则认为，马基雅维利主义对领导的控制欲望会产生影响，进而使领导表现出更多的控制和威权倾向。

（2）威权领导的结果变量

由于威权领导者与员工之间具有较高的"上下级关系"和"权力距离"，同时受到"上尊下卑"文化的影响，威权领导者常常利用其权威威慑员工，并要求员工表现出顺从、服从、敬畏、羞愧等行为，因此会对员工的态度、行为、心理变化产生负面的影响，进而对组织的正常运行起到抑制作用。

①威权领导对员工的影响

张德伟（2001）的研究表明，在台湾军队日常管理中，威权领导会对领导能力起到负面影响。邱盛林（2001）的研究表明，威权领导与领导有效性具有显著负相关关系。

王锦堂（2002）、郑伯埙（2003）、P. Liu 和 H. Wang（2015）的研究表明，威权领导会破坏员工和谐的人际关系，降低员工工作满意度，最终降低员工绩效。郑伯埙（2003）的研究还表明，威权领导虽然会提高员工忠诚度，但是会降低下属对领导的情感性信任、认知性信任、领导满意度，同时威权领导与组织承诺、角色外行为也呈负相关关系。

在威权领导与员工沉默行为的研究中，黄坚生（2002）的研究表明，威权领导与组织成员的合作、沟通呈现显著负相关关系。也就是说，威权领导会阻碍员工建言行为的发生（Y. Li 和 JM. Sun, 2015；CP. Lin 和 MZ. Lin, 2015），导致员工沉默行为。康乐乐（2012）等人的研究也证实了这一观点：员工在面对威权领导时，出于保护自己的目的而避免和领导进行对抗，避免负面的信息给领导带来不愉快，因此常常被迫保留自己的观点，出现员工沉默行为。而威权领导对组织沉默也具有显著促进作用（肖方鑫，2014）。

在威权领导与员工绩效关系研究中，学者的研究结论大体上可以分为三类：威权领导与员工绩效间显著负相关（张德伟，2001；王锦堂，2002；袭雅婦，2008；Wu等，2012）；威权领导与员工绩效间显著正相关（邱木坤，2008；杨国亮等，2012）；威权领导与员工绩效间关系不显著（李超平等，2007；鞠芳辉，2007；张新安等，2009；宋崎，2011）。

本书认为，学者对威权领导与员工绩效关系研究结果相异的原因有三点：第一，学者对威权领导的测量是将其作为家长式领导的一个维度，在实际测量过程中，仁慈领导和德行领导维度会对威权领导产生干扰，进而影响最终结果；第二，学者对威权领导维度的划分没有统一，以控制人为主的威权领导和以控制行为结果为主的威权领导，对员工绩效影响存在差异；第三，学术界对于威权领导"专权作风""贬抑员工能力"负面含义是否剔除尚无定论。

②威权领导对组织的影响

郑伯壎（2002）、王锦堂（2002）、吴宗祐（2008）的研究都表明，威权领导会损害下属的组织承诺感。有趣的是，李超平（2007）和郑伯壎（2010）的研究结果却显示，威权领导与下属的组织承诺感毫无关系。经过讨论，学者们认为：当把威权领导作为家长式领导的一个维度，同时控制仁慈领导和德行领导的时候，威权领导与下属的组织承诺感毫无关系；当把威权领导单独当作一个变量的时候，威权领导会损害下属的组织承诺感。这一结论表明，家长式领导的三个维度之间相互存在着抵制的关系。在一名领导的身上，不可能同时出现三种领导类型。王锦堂（2002）、P. Liu和H. Wang（2015）的研究还证实了，威权领导与团体绩效之间存在显著负相关关系。

于海波（2008）的研究认为，威权领导对组织学习及各维度起到抑制作用。在他的研究中，将组织学习划分为六个维度：个体学习、集体学习、组织层学习、组织间学习、利用式学习、开发式学习。

Chiang 和 TingJu（2012）的研究表明，威权领导与组织的决策质量有关，具体表现为，威权领导负向影响组织的决策质量。同时，威权领导还会阻碍组织公民行为（万舒超，2010）和组织内部的变革（N. Li 和 J. Du，2015）。

表 2-2 是笔者根据已有文献总结出的威权领导与其结果变量的关系。

表 2-2 威权领导的结果变量研究

变量		主要观点	学者
员工层面	领导能力	负相关	张德伟（2001）
	领导有效性	负相关	邱盛林（2001）
	人际关系和谐工作满意度	负相关	郑伯埙（2003） P. Liu 和 H. Wang（2015）
	组织成员合作组织成员沟通	负相关	黄坚生（2002）
	员工沉默行为	正相关	康乐乐（2012） 张蓝戈（2014） 李宗波等（2018） 杨鹏等（2019）
	员工绩效	正相关	邱木坤（2008）等
		负相关	Wu 等（2012）等
		无相关性	鞠芳辉（2007）等
组织层面	组织承诺感	负相关	郑伯埙（2002）等
		无相关性	李超平（2007） 郑伯埙（2010）
	团体绩效	负相关	P. Liu 和 H. Wang（2015）
	组织学习	负相关	于海波（2008）
	组织公民行为	负相关	万舒超（2010）
	组织决策质量	负相关	Chiang 和 TingJu（2012）
	组织变革	负相关	N. Li 和 J. Du（2015）

资料来源：笔者根据相关资料整理。

5. 小结

郑伯埙（1991，1996）通过对多家台湾地区民营企业的研究，发现台湾地区华人领导共同的两种行为类型：立威（威权领导）与施恩。其中，立威包含四种行为：威权作风、贬抑下属能力、形象整饰、教诲。郑伯埙（2000）在随后的研究中提出了家长式领导的三元模型理论，并将威权领导细化为威服、专权、隐匿、严峻和教诲五个维度。后经周浩（2006）证明，家长式领导也存在于大陆的企事业单位和学校当中。然而，家长式领导的仁慈、德行领导和威权领导关系之间具有冲突性，在现实生活中，不会存在将三种领导风格融为一身的人，需要领导班子中不同的领导扮演不同的角色（郑伯埙，2000）。由此，威权领导与其他变量之间的关系受到了学者的关注。

然而，随着时代的进步，传统的威权领导受到学者的质疑，对威权领导的研究逐渐分成了两个群体：一个群体的学者继续沿用传统威权领导的概念，进行它和其他变量关系的实证研究（周婉茹等，2009；Chen 和 Leung，2012 等）；另一个群体的学者认为，现代的威权领导行为应该剔除有损员工的行为，从对于员工的控制转移到对员工行为结果、制度的控制上（Farh，2008；Chiang，2012 等）。由于学者对威权领导界定的不同，威权领导对员工绩效、组织承诺等变量的关系存在争议。但是，相对剥夺理论认为，威权领导的控制会剥夺员工的认知及认知评价，使员工认为自己处于不利的地位而感到不公平，进而产生抵触情绪，因此威权领导在现实中会给员工心理、行为和组织结果带来负面影响。对此学者基本达成了共识。

由于威权领导一直是作为家长式领导的一个维度被学者所熟知，因此，以威权领导为独立领导风格，探讨它与其他变量关系的研究还处于起步阶段。本书结合我国文化背景，选取威权领导、员工沉默行为、员工绩效三个变量，验证以威权领导为独立领导风格时三者之间的关系。同时选取组织政治知觉和责任感作为调节变量，揭示威权领导与员工沉默行为之间的权变因素，并以此为基础，探讨组织政治知觉和责任感在模型中是否具有调节性的中介作用。

第二节 员工沉默行为文献回顾

1. 员工沉默行为的含义

近年来，组织中员工建言行为成为学者研究的焦点。随着对建言行为研究不断的深入，学者开始反思：既然建言行为可以提高组织的绩效，有利于组织的发展，那么建言行为的对立行为即员工沉默行为，出于种种原因保留、过滤自己的观点，可能会影响组织决策的方向和质量，对员工和组织的绩效造成消极影响（于桂兰和杨术，2014）。

因此，学者延续对员工建言行为研究的角度，从员工个体层面和组织层面对员工沉默行为进行了定义。

（1）员工个体层面

Johannesen（1974）从员工个人层面出发，认为员工沉默行为是一种员工有意识地隐瞒所知信息的行为。Pinder 和 Harlos（2001）将 Johannesen 的定义进行了完善，认为员工产生沉默行为的主要原因来源于自身：员工本可以为组织提供有效的建议，却由于某些原因的出现而心存顾虑，这种顾虑导致员工变得谨言慎行，保留自己的观点，不再对组织进行评价。

Dyne 等（2003）对员工沉默行为的范畴进行了界定：员工沉默行为是一种有目的行为，而并非无意识和不经考虑的结果。因此，Dyne 将员工沉默视为一种员工有意对所持有效观点和建议予以保留、隐瞒的行为。

郑晓涛（2006，2008）在 Dyne 等学者的研究基础上，融入中国情景和文化，给予员工沉默行为新的定义。郑晓涛认为，在我国企业中，员工的建议虽然可以改善和提高组织的工作，但是出于对某些因素的考量，员工会选择过滤或回避自己的观点，这种行为称为员工沉默行为。

（2）组织层面

Milliken 和 Morrison（2000）从组织层面出发，认为员工沉默行为是一种员工对组织存在问题保持沉默的现象，当员工有能力为提高组织绩效建言献策，却被迫变得沉默时，会给组织带来一系列负面的影响。

田书芹（2009）把组织比作生态环境，把员工比作组织细胞。员工本可以像细胞一样，通过有效建言的方式为组织输送营养，却因为环境的改变而变得有所保留，具体表现为保留或过滤自己的观点。细胞与组织之间关系的断裂，会给组织的生态健康带来负面的影响。

本书选取郑晓涛（2006）对员工沉默行为的定义：员工的建议虽然可以改善和提高组织的工作质量，但是出于对某些因素的考量，员工会选择过滤或回避自己的观点，这种行为称为员工沉默行为。

2. 员工沉默行为的理论基础

对于人类社会沉默行为的提出和研究最早源于大众传播学和心理学。此后，管理学家也在组织中发现类似现象：组织中的一部分员工，总是默默无闻地支持主流意见而拒绝发表自己的真实观点。这种行为虽然一定程度上有利于组织内部的和谐，但更多会造成压抑的气氛，使得员工自我认知感失调，从长远角度看，甚至会降低组织的效能和生产力，这些行为就是员工沉默行为。

（1）传播学的"沉默"

"沉默双螺旋"理论。田书芹（2009）认为，"沉默"概念的提出，最早可以追溯到传播学家 Neumann（1974）提出的"沉默双螺旋"理论。Neumann 认为，人们对信息的接收渠道较少，通过自身所观察到的社会仅仅是真实社会的一小部分，更多的信息则是通过媒体传播得到的，因此媒体决定了舆论的方向：人们在阐述观点和想法时，如果符合媒体主流的舆论，便会积极地进行阐述，并使观点得到发展和扩散；相反，若所持观点并非主流的舆论，那么便会保留意见而变得沉默。主流声音和非主流的沉默像 DNA 的双链一样紧紧缠绕在一起，构成了沉默的双螺旋。Ogles（2000）认为，人们之所以会保持缄默，关键在于对被当作异类时所产生的孤独的恐惧，这种对于孤独的恐惧则来自本性。

（2）心理学的"沉默"

① "沉默效应"理论

Rosen 和 Tesser（1970）、Conlee 和 Tesser（1973）等学者从心理学的

角度提出"沉默效应"。他们认为,坏消息的传播常常让人感到不舒服,负面信息的接收者往往会将一部分负面情绪施加给信息的传递者。因此,在组织内部,员工一般不愿意向上级传递负面的信息,迫不得已时,也只会有选择地向上传递或只传递正面的信息,抑或保持沉默。

Taras(1991)认为,沉默效应的理论基础是"群体思维"和"阿比林悖论"(Abilene Paradox)。其中,"群体思维"和群体规范性有关,在一个团体中,被置于首位的往往是群体的统一,和谐、稳定的气氛在组织管理中有着特殊的意义。迫于稳定统一的压力,群体会忽视不寻常的、持少数意见的人的想法,并使他们的意见得不到客观的评价(Janis,1972);"阿比林悖论"认为,在一个团队中,无论团队成员是否愿意,团队都会施加一种服从的压力,这种压力会随着决策的重要性而发生改变,决策越重大,服从的压力越强大,而这种压力来源于管理层下意识的分析与经验的匹配。虽然这种做法缩短了决策的时间,但是却大大增加了团队的风险(Jerry Harvey,1974)。

②"从众效应"理论

Janis(1972)认为,从众的压力会迫使个体服从群体的决定:真实存在或者想象出的压力,会让个人的行为和态度被迫与他人保持一致,而这种现象的产生是为了避免个体变得离经叛道(Cialdini和Goldstein,2004)。

学者们认为,产生"从众效应"的原因大致可以分为四类:团体的人数、团体任务的难度、个体在团体中的地位、团体的同质性。

第一,团体的人数。Asch(1951,1955)的研究表明,当团体人数达到三人时,成员的选择对个体的影响效果最强。Tanford和Penrod(1984)则认为,团体规模达到一定数值时,影响效果并不会继续增强。

第二,团体任务的难度。Blake,Helson和Mouton(1957)认为,随着任务难度的增加,个体对任务解决的可能性越来越小,越容易倾向于从众。

第三,个体在团体中的地位。Lambert和Lowy(1957)认为,个体在团体中地位越高,团体对其的吸引力就越强,个体会越发赞同团体的理念和规则,从众的可能性就变得越大。

第四,团体的同质性。Newcomb(1961)认为,同质性越高的团体,组织内成员之间的吸引力就越强,观点和决策越倾向于保持一致;相反,同质性较弱的团体，成员之间的吸引力就较弱，成员间就会存在不一致的态度和行为。

3. 员工沉默行为的维度与测量

随着学者们对员工沉默行为的不断探索，越来越多的管理学家基于自己的思考对员工沉默行为的含义进行了阐述，并以提出的定义为基础进行实证研究。在实证研究过程中，不同的学者对员工沉默行为进行了不同维度的划分，所开发的量表和测量方法也不尽相同。

（1）员工沉默行为的维度划分

① 西方学者的研究

Pinder 和 Harlos（2001）从员工个人层面出发，将员工沉默行为划分为默许性沉默（Acquiescent silence）和无作为性沉默（As silent）。其中，默许性沉默指的是员工个人消极地顺从领导或组织的决策并保留自己观点的现象；无作为性沉默指的是员工个人秉持"多一事不如少一事"的态度达到保护自己的目的。

Dyne（2003）在 Pinder 和 Harlos 研究的基础上，把默许性沉默维度保留，将无作为性沉默更改为主动性的防御性沉默（Defensive silence），并从员工的动机和人际关系角度出发，增加亲社会性沉默（Dear social silence）的维度。其中，亲社会性沉默指的是，出于某种利他、合作的目的而保留建议和看法的行为。

② 中国学者的研究

郑晓涛（2006，2008）把 Dyne 的研究和中国的实际情况相结合，认为在中国企业这种严守"权力距离"和"上下级关系"的文化背景下，员工会受到来自领导更多的忽略与轻视，从而变得冷漠和漠视。故此，将Dyne 提出的亲社会性沉默更改为漠视性沉默，同时保留默许性沉默和防御性沉默，最终将员工沉默行为划分为三个维度。其中，漠视性沉默是指员工由于冷眼旁观、毫不关心高高挂起而保留建议和看法的行为。

曾岿（2007）在 Dyne 的研究基础上，从员工动机角度出发，认为员工会由于动机不同而产生不同的沉默行为。曾岿将员工沉默行为划分为：默许性沉默、自卫性沉默和道德性沉默三个维度。其中，自卫性沉默与防御性沉默意义相似,但自卫性沉默更多地是从员工的自我保护、避免承担责任的动机出发,而并非从人际关系的角度出发;道德性沉默则类似于亲社会性沉默,是员工出于规避的动机,避免自己的言论对组织和他人的利益造成损害而进行的一种沉默行为。

张敏(2009)从中国的"宏观"因素考虑,认为造成员工沉默行为的主要原因包括三点:组织内部的制度、组织内部的结构、中国自古以来的社会文化。基于这三点归因,将员工沉默行为划分为:制度性沉默、结构性沉默和文化性沉默。其中,制度性沉默是指由于组织内部制度的设计和执行等方面存在缺陷而导致员工产生沉默行为;结构性沉默是指员工被"人际关系网"束缚不能畅所欲言而导致的沉默行为;文化性沉默是指由于文化因素的影响导致的员工沉默行为。

赵春莲(2010)对员工在企业中的实际情况进行了调研,认为导致员工沉默行为出现的原因除了员工自身因素之外,还包括员工所处组织环境的因素。并将员工沉默行为划分为:人际关系恐惧性沉默、个体低自尊性沉默、组织体制障碍性沉默。其中,人际关系恐惧性沉默是指员工由于恐惧和他人沟通进而拒绝交流保护自己所导致的沉默行为;个体低自尊性沉默是指员工否认自我价值的同时拒绝检验自己的推断所产生的沉默行为;组织体制障碍性沉默是指员工对于组织制度的理解存在障碍而产生的沉默行为。

表2-3是笔者根据已有文献所总结出的员工沉默行为主流维度划分。

表2-3 员工沉默行为维度划分

维度划分依据	员工沉默维度	研究学者
员工个人态度层面	默许性沉默、无作为性沉默	Pinder和Harlos(2001)
内在动机	默许性沉默、防御性沉默、亲社会性沉默	Dyne(2003)
员工动机(中国背景下)	默许性沉默、防御性沉默、漠视性沉默	郑晓涛(2006,2008)
员工动机	默许性沉默、自卫性沉默、道德性沉默	曾岘(2007)
中国宏观因素	制度性沉默、文化性沉默、结构性沉默	张敏(2009)
员工自身情况	人际关系恐惧性沉默、个体低自尊性沉默、组织体制障碍性沉默	赵春莲(2010)

资料来源:笔者根据相关资料整理。

(2) 员工沉默行为的测量及量表

目前，关于员工沉默行为的测量包括现场观察、他评、自评三种方法。

Edmondson（2003）利用现场观察法，以16个医疗小组为研究对象，模拟某个工作情景，记录被研究对象对情景的反应，并加以编码来获取团队沉默情况。

Dyne等（2003）利用他评方法，让员工对其同事从员工沉默行为的三个维度进行评价，每个维度五个题项，采取利克特7点计分，"1"表示非常不赞同，"7"表示赞同。

尽管员工自评法和其他两种方法相比，存在主观失真和记忆偏差的缺陷，但是信效度都高于其他两种方法：由于员工沉默行为的特征是没有语言，观察者很难通过非语言的线索记录和分辨沉默的程度，因此在测量时往往存在误解和歪曲动机，很难真实地对员工沉默行为进行测量。因此，员工自评法在实证研究中应用较为广泛。

Huang（2003）利用自评的方法，让员工回忆组织现状，并从沟通渠道的五个方面填写27个题项，让员工在"非常多、比较多、很少、没有"四个选项中进行选择，通过记录填写题项"没有"的数量来衡量员工沉默的方式。与Huang不同的是，Vakola和Bouradas（2005）利用自评方法时，设计了七个主观问题，让员工通过主观感受进行填写来获取沉默的情况。

郑晓涛（2006，2008）将Dyne开发的量表进行了翻译和修改，并通过自评的方法，让员工从默许性沉默、防御性沉默、漠视性沉默三个维度进行问卷填写。其中，默许性沉默四个题项、防御性沉默四个题项、漠视性沉默四个题项，采取利克特五点计分："从未、很少、有时、时常、通常"，让员工通过回忆一年内沉默频率的方法进行自我评价。于桂兰和杨术（2014）采用郑晓涛编制的量表，对321人进行自评式测量。

赵春莲（2010）将已有员工沉默行为的量表进行了汇总，同时加入了开放式的主观问卷，根据开放式问卷所出现的相同词频对照量表的题项进行合并和删除：删除其中不符合研究的题项，同时合并表述不一致但意义相近的题项。最终确定了带有23个题项的初始沉默问卷，并采用利克特五点计分进行测量。

表2-4是笔者对已有文献总结出的员工沉默行为主流研究量表。

表2-4 员工沉默行为测量量表汇总

测量方法	相关维度及题项	研究学者
现场观察法	16个医疗小组为单位 以编码来获取团队沉默情况	Edmondson（2003）
他评法	默许性沉默（五个题项） 防御性沉默（五个题项） 漠视性沉默（五个题项）	Dyne等（2003）
自评法	就沟通内容、沟通方式、沟通流程、沟通技巧培训、沟通文化建设五个方面，共计27个题项	Huang（2003）
	7个主观问题	Vakola等（2005）
	默许性沉默（四个题项） 防御性沉默（四个题项） 漠视性沉默（四个题项）	郑晓涛（2006，2008） 于桂兰和杨术（2014）
	就人际关系恐惧性沉默、个体低自尊性沉默、组织体制障碍性沉默三个方面，共设计23个题项	赵春莲（2010）

资料来源：笔者根据相关资料整理。

4. 员工沉默行为的前因变量

通过对已有文献的整理，我们发现，员工沉默行为形成的要素大体上分为两种：个人因素和环境因素。其中，员工个人因素包括：性别、自尊水平、工作满意度、组织政治知觉等的个体变量；环境因素包括来自组织、领导、同事、社会文化等的情景变量。

（1）个体变量

Gilligan（1982）的研究指出，性别对沉默存在影响。Gilligan认为，女性常常伴随着关系型导向，女性在发表意见时，常常要考虑组织的接受能力和言语对他人社会关系的影响。因此，女性相对于男性会更多地保持沉默，这种沉默行为偏向于亲社会性沉默。Buzzanell（1994）的研究结果证实了 Gilligan 的理论。Buzzanell 认为，女性之所以比男性更多地保持沉默，主要原因在于泰勒主义的传统管理结构。在组织中，独立、竞争、果断通常是男性所具有的品质，而女性关系型导向的价值观常常使她们丧失了发言权，组织中地位被边缘化，因此女性的沉默行为较为普遍。

Lepine 和 Dyne（1998）的研究结果表明，员工的自尊水平影响员工沉默行为，自尊水平越低的员工越倾向于沉默。员工向组织提出建议时，可能被视为对组织的不赞同和对上级的不服从，因此，为了保持群体凝聚力不被破坏，管理者常常对这些建议不予回应，甚至会将提供建议的员工贴上"不合群"的标签，并在言语、行动中进行羞辱和报复，从而伤害员工的自尊心。Premeaux 和 Bedeian（2003）的研究结果也验证了员工自尊水平对员工沉默行为存在影响的结论。在此基础上，Premeaux 还发现，内外源控制对员工沉默行为也存在影响：内控点的员工工作意识较强，提出建议的可能性较大，沉默概率较小；外控点的员工态度更加消极、被动，沉默概率较大，而这种沉默更多的是漠视性沉默。

Jeffrey 和 Linn（2001）的研究认为，神经质与员工沉默行为存在关系。神经质的员工，会经常性地感到紧张而不知所措，这类员工缺乏安全感，出于保护自己的目的，会经常保持沉默，而这种沉默更多的是防御性沉默。

Lepine 和 Dyne（2001）的研究表明，员工的情绪稳定度、责任感、内外向型性格、工作满意度都会给员工沉默行为带来影响：情绪稳定度低的员工通常会保持沉默，以此避免情绪出现大的波澜；责任感低的员工通常会保持沉默，以此来逃避责任；内向型的员工通常运用沉默来避免与他人过多地交流；低满意度的员工则是"冷眼旁观"地保持沉默。

康晓然（2012）、Khalid 和 Ahmed（2015）的研究表明，员工的组织政治知觉正向影响员工沉默行为：组织政治知觉越高的员工，越容易引发员工沉默行为；相反，低组织政治知觉的员工则不易发生员工沉默行为。

Shi（2014）认为，员工对组织的认同感负向影响员工沉默行为：对组织的认同感越低的员工，越容易产生员工沉默行为。

表 2-5 是笔者根据已有文献总结出的影响员工沉默行为的个体变量。

表 2-5 员工沉默行为个体变量

	变量	主要观点	学者
个体变量	性别	女性相比男性而言，更容易产生沉默行为	Gilligan（1982） Buzzanell（1994）
	自尊水平	自尊水平低的员工更倾向于沉默	Lepine 和 Dyne（1998） Premeaux 和 Bedeian（2003）
	神经质	神经质的员工倾向于沉默	Jeffrey 和 Linn（2001）
	情绪稳定度	情绪稳定度低通常会保持沉默	Lepine 和 Dyne（2001）
	责任感	责任感低的员工更易沉默	
	内外型性格	内向型的员工倾向于沉默	
	满意度	满意度低的员工倾向于沉默	
	组织政治知觉	组织政治知觉与员工沉默行为正相关	康晓然（2012） Khalid 和 Ahmed（2015）
	组织认同感	组织认同感与员工沉默行为负相关	Shi（2014）

资料来源：笔者根据相关资料整理。

(2) 情景变量

从已有研究的结论中可以发现，影响员工沉默行为的情景变量大体上分为四种：组织对员工沉默行为的影响、领导对员工沉默行为的影响、同事之间关系对员工沉默行为的影响、社会文化对员工沉默行为的影响。

①组织对员工沉默行为的影响

以 Argyris（1977）为代表的学者认为，组织内部的一些因素会导致员工沉默行为的发生。在组织中，存在一些特殊的"潜在规则"，这些"潜在规则"会给员工带来顾虑，并阻止员工说出关于技术、政治等方面的问题。Redding（1985）的研究结果表明，很多组织不但不会接受员工的批评和建议，反而会将类似行为视为一种对组织的挑衅，同时，组织会不时地暗示员工不要通过挑战公司的规定来达到自己的目的。基于规则的限制，Dutton（1997）认为，员工会根据自己所了解的组织背景对高层提出意见，员工在倾诉观点时，往往选择组织支持的观点，进而减少自己可能面临的不确定性和恐惧感。

Edmondson（2003）的研究结果表明，导致员工沉默行为发生的因素在于组织的氛围，而安全的组织氛围有利于消除沉默行为。

段利（2009）经研究指出，组织中的政治行为会给员工沉默行为带来影响：组织政治行为一方面通过降低员工满意度而诱发默许性沉默，另一方面通过引发员工的工作焦虑和保护意识而诱发防御性沉默。

Laeque（2014）、Dileep 等（2015）的研究表明，员工的组织承诺越高，越不容易产生员工沉默行为。

Fan 等（2014）的研究表明，组织文化会对员工沉默行为产生影响。组织文化中的社交性与集体主义，会迫使员工为了和谐统一而放弃自己的观点，从而导致员工沉默行为的发生。

②领导对员工沉默行为的影响

早在 20 世纪 50 年代，Festinger（1954）就注意到组织中的层级关系会限制自由沟通，这种限制在低级对高级的批评中显得尤为明显。Morrison 和 Milliken（2000，2001）的研究进一步解释了领导对员工沉默行为的影响：管理者将下属的负面反馈看作一种对其权威的挑战，因此管理者会设法避免这种负面信息反馈；与此同时，管理者认为他们比员工更加深入地了解企业，故此员工的建议是不值得信任的。Milliken（2003）的后续研究指出，员工和管理者之间的上下级关系会衍生官僚化，而这种官僚关系会促使员工沉默现象的发生。

Premeaux 和 Bedeian（2003）认为，领导风格和员工沉默行为有关，开放性的领导风格使得员工提出更多意见。黄坚生（2002）的研究表明，在家长式领导的三个维度中，威权领导与组织成员的合作、沟通呈现显著负相关；仁慈领导则与组织成员的合作、沟通呈现显著正相关。康乐乐（2012）的研究进一步完善了黄坚生的观点，研究结果显示：家长式领导的三个维度与员工沉默的三个维度均存在关系，其中，威权领导对默许性沉默、漠视性沉默和防御性沉默具有显著正向影响；仁慈领导和德行领导对默许性沉默、漠视性沉默和防御性沉默具有显著负向影响。Timming（2015）的研究也表明，威权领导正向影响员工沉默行为。

③同事之间关系对沉默的影响

以 Moorhead 和 Monranari（1986）为代表的学者认为，员工与同事的关系负向影响员工沉默行为：当员工与同事关系融洽时，会更加倾向于表达自己的观点，即便双方观点不同，也会保持良好"求同存异"氛围；当员工与同事关系并不融洽时，员工会选择沉默、回避过滤自己的观点来避免关系的恶化。

Ashforth 和 Humphrey（1995）的研究认为，新加入的员工由于怕给同事留下坏的印象，保持着沉默行为，在被征求观点时通常是人云亦云，隐藏自己真实的观点和意图。Bowen 和 Blackmon（2003）也认为，员工为了维护好的人际关系，通常会根据同事的观点和自己是否相符，而选择是否保持沉默。

④社会文化对沉默的影响

以 Lee 和 Pillutal（2000）为代表的学者认为，社会文化对员工沉默行为起到一定作用：社会中存在的权力距离会使得员工变得谨慎小心，员工会采用沉默的方式来保护自己不受到伤害，权力距离较大的社会文化更宜使员工倾向于沉默。

郑晓涛（2006）认为，社会文化中的集体主义和人情关系都会导致员工沉默行为的发生：为了遵守集体主义、和谐关系，员工必须谨言慎行；为了保持良好的人情关系，员工有时需要采取沉默的策略来避免给他人带来损害。

表 2-6 是笔者根据已有文献总结出的影响员工沉默行为的情景变量。

5. 员工沉默行为的结果变量

Bowen 等（2003）认为，员工沉默行为是员工个人的行为，但是这种行为常常是以群体为单位发生的。因此，员工沉默行为在给员工带来负面效应的同时，个体沉默向群体沉默聚合的过程也给组织带来负向的影响。

表2-6 员工沉默行为情景变量

	变量	影响	研究者
情景变量 / 组织	潜在规则	禁止表达技术和政治的问题	Argyris（1977）
	公司的权威性	不能容忍员工的批评和建议	Redding（1985）
	不确定性	员工选择组织支持的观点	Dutton（1997）
	安全的组织氛围	有利于消除沉默行为	Edmondson（2003）
	组织政治行为	诱发默许性沉默、防御性沉默	段利（2009）
	组织承诺	高组织承诺降低员工沉默行为	Laeque（2014）Dileep等（2015）
	组织文化	社交性与集体性诱发沉默行为	Fan等（2014）
	高绩效工作系统	显著抑制员工沉默行为	颜爱民（2020）
情景变量 / 领导	层级关系	限制低级对高级的批评	Festinger（1954）
	权力距离	设法避免负面反馈	Morrison和Milliken（2000）
	内在管理理念	对员工的观点保持怀疑	Morrison和Milliken（2001）
	上下级关系	官僚关系强化员工沉默行为	Milliken（2003）
	领导风格	管理的开放性促使员工建言	Premeaux和Bedeian（2003）
	威权领导	威权领导强化员工沉默行为	Timming（2015）
情景变量 / 同事	关系	关系越好，越倾向于表达	Moorhead和Monranari（1986）
	印象	为避免留下坏印象而保持沉默	Ashforth和Humphrey（1995）
	观点	参照主流观点而选择性沉默	Bowen和Blackmon（2003）
情景变量 / 社会文化	权力距离	权力距离越大，沉默行为越严重	Lee和Pillutal（2000）
	集体主义	维护集体的和谐而慎言沉默	郑晓涛（2006）
	人情关系	为了良好人情和面子而沉默	

资料来源：笔者根据相关资料整理。

（1）员工沉默行为对个人的影响

Premeaux等（2003）的研究结果表明，领导是导致员工沉默行为发生的最重要原因：领导掌控着绝大部分资源，对员工的升迁和未来发展有着重要的控制权，会迫使员工改变自己的思维和行为。因此员工沉默行为对员工自身的影响更容易观察。Morrison和Milliken（2000）认为，沉默会对员工带来三方面影响：感到缺少重视、感到缺乏控制、认知失调。

①感到缺少重视

根据 Maslow（1943）需求模型我们知道，人是有被尊重的需求的，而尊重在实际表现中意味着受到他人的重视。本书认为，员工在企业中工作生活，生存和安全的需求已经被满足，在这种情况下，渴望被人尊重的感情越来越浓烈，而员工沉默行为会抑制员工交流的欲望，使其逐渐被组织边缘化，得不到他人对自己的重视，久而久之会给员工带来许多负面的影响。Lind 和 Tyler（1988）的研究也证实：当员工不能自主地发表观点和意见的时候，就会认为自己在组织中的地位无足轻重，缺少重视感的员工会对组织及组织成员缺乏信任和认同。

贾娟宁（2009）的研究也表明，当员工因为沉默而缺少重视感的时候，会产生罢工的情绪。李焕荣和唐红瑞（2011）则把罢工的情绪归纳为离职的倾向，当员工出现罢工情绪时，这种想法会随着员工沉默时间越长而越发强烈，最终造成员工离职。Mooghali 和 Bahrampour（2015）的研究则表明，员工沉默行为负向影响员工的工作态度。

②感到缺乏控制

Lind（1990）的研究结果表明，员工沉默行为会使得员工缺乏控制感，这种控制感既包括员工对自己行为的把握，也包括员工对周围环境的把握。缺乏控制感的员工会感到不安全，甚至会产生恐惧等负面情绪，如果这种负面情绪得不到有效的释放，那么员工就会因为心理压力的不断增大而做出各种匪夷所思的猜测，最终做出错误的决策和行为。员工感觉能否控制环境的一个重要标准就是他们是否能够自由地表达观点和偏好。

③认知失调

Elliot 和 Devine（1994）的研究表明，当员工有建议和观点需要表达却由于种种原因选择沉默的时候，在这一过程中，会质疑自身价值，从而变得认知失调，这种认知失调会给他们带来紧张感，进而对工作产生倦怠。

郑晓涛（2009）则认为，员工如认知失调会错误地评价其在组织中的位置和重要性，最终导致身心焦虑。与此同时，员工在认知失调的过程中，会逐渐丧失积极的工作情绪，并产生挫败感，对自己工作的意义产生怀疑。李芝山（2009）、Dileep 等（2015）认为，员工在认知失调时不光会出现情绪的衰竭，还会降低生产的积极性，增加工作压力和不满。

（2）员工沉默行为对组织的影响

员工沉默行为是一种氛围，在对员工产生影响的同时，还会降低组织的创新能力，最终使得组织绩效受损。

①降低组织的创新能力

March（1991）认为，当员工沉默行为发生时，员工与组织之间的沟通被迫中断，组织缺少负面信息的反馈，这将大大降低组织发现错误的能力，一旦组织中出现不易察觉的错误，由于缺乏反馈，组织对错误的坚持强度会变得越来越大，为此损失的资源也会越来越多。

Nemeth（1997）则认为，组织的发展需要创新，需要员工积极地提供新奇的想法，开阔思路。而员工沉默行为的发生会使得组织丧失听取员工声音的途径，让组织思维愈发狭隘，最终使得组织丧失创新的机会。贾娟宁（2009）在 Nemeth 的研究基础上，把员工沉默行为比作"罢工"，"罢工"会使得员工失去创造力，进而影响组织的创新能力。Wang（2014）的研究结果也表明，员工沉默行为会对组织的创新起到负面作用。

②降低组织绩效

Bandura（1986）认为，当员工处于沉默的氛围中，首先，被削弱的是员工对环境的控制感，进而剥夺员工的自信，使得压力感增强；其次，组织的内部奖励机制会被降低，最终降低组织绩效。Eisenberg 和 Witten（1987）在 Bandura 的研究基础上进行反向研究，研究结果表明，当员工处于上下级沟通气氛较为浓烈的环境中时，员工的情绪会得到舒缓，这种舒缓的情绪会降低对工作的干扰，进而使组织绩效得以提升。

Dundon（2004）、Madrid 等（2015）的实证研究也表明，当员工感觉没有被重视时，各种负面情绪（例如沉默等）都会发生，影响组织绩效，不利于组织发展。

表 2-7 是笔者根据已有文献总结出的影响员工沉默行为的结果变量。

表 2-7 员工沉默行为结果变量

	变量		影响	研究者
结果变量	个人影响	工作倦怠感	感到紧张	Elliot 等（1994）
		感到缺少重视 感到缺乏控制 认知失调	质疑自我价值	Lind 等（1988，1990） Morrison 等（2000） Elliot 和 Devine（1994）
		降低生产积极性 工作压力	降低员工工作效率	李芝山（2009） Dileep 等（2015）
		罢工情绪	逐渐被组织边缘化	贾娟宁（2009）
		工作态度	员工沉默行为负向影响员工工作态度	Mooghali 和 Bahrampour（2015）
		员工绩效	沉默降低员工绩效	郑晓涛（2009）
		情绪衰竭	对工作的意义产生怀疑	
		焦虑感	质疑自己的重要性	
		离职倾向	变得焦虑、有压力感	李焕荣等（2011）
	组织影响	内部激励	缺乏自信、压力感增强	Bandura（1986） Eisenberg 和 Witten（1987）
		组织绩效	员工沉默行为导致负面情绪产生，进而降低组织绩效	Bandura（1986） Dundon（2004） Madrid 等（2015）
		错误坚持强度	沉默会阻碍负面信息反馈	March（1991）
		创新机会	沉默会阻碍组织的创新	Nemeth（1997）
		创新能力	沉默会让员工厌倦工作	Wang（2014）

资料来源：笔者根据相关资料整理。

6. 员工沉默行为的中介作用

Ryan（1996）的研究结果表明，领导行为会对员工态度变量产生影响，进而影响企业的绩效，即员工态度在领导行为与企业业绩之间起中介作用。因此，本书相信，员工沉默作为一种员工负向态度产生的行为，在领导行为与企业绩效之间存在中介作用。

于桂兰和杨术（2014）的研究表明，漠视性沉默在辱虐管理和任务绩效之间具有完全中介效应，默许性沉默和漠视性沉默在辱虐管理和周边绩效之间具有部分中介效应；贾真（2014）、张蓝戈（2014）等学者的研究结果表明，员工沉默行为在家长式领导的三个维度，即威权领导、仁慈领导、德行领导和员工绩效之间具有中介作用。

基于以上学者成果，本书认为，以威权领导为独立领导风格时，员工沉默行为在威权领导与员工绩效之间起中介作用。威权领导会与员工保持一定的距离、隐藏个人意图、坚持个人意见，员工会因为受到领导权威的影响而选择沉默，随着员工在工作中可发挥空间减小，自我效能感降低，工作热情减少，进而影响其员工绩效。

7. 小结

对沉默行为的研究最早起源于传播学和心理学对沉默行为的阐释。21世纪初，管理学家们从员工层面、组织层面给员工沉默行为下了定义，并规定了员工沉默行为的范畴：员工沉默行为不是单纯的不做声，而是出于种种原因保留有利于改进组织绩效的观点。

由于中西方文化存在差异，员工沉默行为在国外企业和国内企业中产生的原因有所不同。周路路等（2011）认为，西方的员工之所以沉默，是其屈服于组织现有系统和习惯势力的结果；何轩（2010）、曾垂凯（2011）认为，中国背景下的员工沉默行为主要是由领导直接造成的：从员工的角度看，领导就是组织的代言人，领导的一言一行不仅代表着自己的风格、偏见与喜好，还决定了组织氛围。与此同时，领导对员工个人的态度还影响着其与同事之间的关系。因此，应该将沉默放在"关系"里进行研究。

本书最终选取郑晓涛（2006）对员工沉默行为的定义，认为员工沉默是一种员工本可以提出积极的建议来改善和优化所在组织和部门的工作，却出于现有或潜在因素的考虑，最终回避过滤自己观点的行为。本书还采用郑晓涛（2006）对员工沉默行为的划分，将员工沉默行为划分为三个维度：基于以"儒家"为代表的中国文化影响角度的默许性沉默、为了保护和维护良好人际关系的防御性沉默、基于冷漠和毫不关心所产生的漠视性沉默，并以此进行测量。本书选取威权领导、员工沉默行为、员工绩效三个变量构建研究模型主效应，验证威权领导、员工沉默行为与员工绩效关系的同时,检验员工沉默行为的中介作用,并进一步探究威权领导与员工沉默行为之间的权变因素。

第三节 员工绩效文献回顾

1. 员工绩效的含义

早期的学者对于绩效的研究主要集中在两个方面:设定绩效目标、评估绩效,而对绩效的本质及其影响要素分析关注度较低。近十多年,随着对绩效研究的深入,学者才开始了对其内涵的讨论:一种观点认为绩效是结果,一种观点认为绩效是行为,还有一种观点认为绩效是结果和行为的总和。

(1)员工绩效结果论

Bernardin 等(1984)认为,员工绩效要从顾客的角度出发,员工绩效的高低取决于满足顾客需求的程度,而满足顾客的需求即是结果。Kane(1996)则认为,员工绩效不仅仅是满足顾客的需求,它类似于"一种东西",是相对于组织目标而独立存在的。杨杰等(2000)、李宝元(2002)、Jerry 等(2005)等学者将 Kane 提出的"一种东西"归结为是一种成绩,这种成绩是产出、成果的同义词,是个体或组织在特定时间内,从生产效率、质量等方面表现出的。

Bernardin 和 Pritchard(1996)、严进(1999)等学者通过研究发现,在组织的实际运营中,员工绩效虽然受到能力、环境等因素的影响,但是其结果才具有评估的价值和客观性:以工作任务完成情况为主的考核,可以明确员工的努力情况,形成有效的奖励机制,结果也相对客观。

以上学者认定员工绩效是一个结果概念,其主要原因在于结果便于测量,可以轻易地评估出员工工作的努力程度和其对组织的积极或消极态度,测量结果相对客观,可以作为组织进行总结、规划、发展的依据。

(2)员工绩效行为论

随着学者们对员工绩效概念研究的深入,有一些学者发现了这样的现象:很多时候,员工在完成任务的过程中,由于受到自身能力和环境的局限,会遇到许多意想不到的困难,员工往往需要投入大量的时间和精力去解决它们，这些困难虽然与员工的工作任务不直接相关，却往往能决定任务达成与否。

因此，以 Organ（1988）、Campbell（1990）为代表的学者开始质疑员工绩效的"结果论"。他们认为员工绩效同时也可以是一种行为，应该和结果分开。随后，持"行为论"的学者将员工绩效定义为"员工个人为了完成工作或组织目标而进行的一系列对组织有贡献的行为"。他们认为，员工绩效是人们根据规定所奉行的，它只包括员工根据自己的能力对组织目标所作出的行为，绩效不是后果，也不是结果，它本身就是行动（Murphy，1990；Campbell 等，1993；Hunt，1996；Rotundo，2002）。

Motowidlo 等（1997）、张德（2004）等学者在后续的研究中指出，员工绩效作为有利于组织目标实现的行为，具有多维性和可评估性：人们之所以在考虑绩效时不由自主地关注结果，是因为结果能促进组织目标的实现。但是，结果会受到个体行为和其他因素的影响，如果不能控制这些因素，组织就无法通过员工个人的绩效来衡量其对组织的贡献。

（3）员工绩效综合论

持员工绩效综合论的学者认为，员工绩效是行为和结果的总和，两者之间不能独立存在。员工的行为是促成工作结果的重要组成部分，是员工为完成任务所付出的体力劳动和脑力劳动。因此，员工绩效不是单维度概念，应该至少包括行为和结果两个维度（Brumbrach，1988；Michael 等，1998；陈学军等，2001）。

随着员工绩效"综合论"的发展，后续的研究学者将员工能力、工作态度、工作方式、员工的素质、员工的学习和创新能力、接受和共享知识的能力等诸多因素归为员工绩效考核的内容。

Woodruffe（1992）认为，员工绩效是由行为、能力和结果组成，其中能力是行为和结果的纽带；饶征（2002）认为员工绩效是由方式、行为和结果组成；Paul（2004）加入了工作态度，认为员工绩效是由行为、结果和工作态度组成；Pulakos（2000）认为员工绩效的考核应该来源于员工对工作方式的适应性；Hesketh 等（2004）则认为组织应该从员工的学习、思考、处理问题、总结经验等能力来考核员工绩效；Janssen 等（2004）提出，创新能力是考核员工绩效的一项重要指标；Pentti（2004）

把员工接受和共享知识的能力归为员工绩效考核的一个项目。

因此,员工绩效是一种员工个体利用自身可用资源完成组织分配任务的情况。它既包括如提高工作技能、学习、培养素质等动态过程,也包括如工作效率、效益和利润等静态结果(黎娟,2014)。

表2-8是笔者根据已有文献总结出的员工绩效含义的界定。

表2-8 员工绩效界定

员工绩效界定		主要观点	研究者
员工绩效含义	结果论	满足顾客的需求就是结果	Bernardin 等(1984)
		员工绩效是独立存在的"东西"	Kane(1996)
		对结果考核相对客观	Bernardin 等(1996)
		任务完成情况是绩效考核核心	严进(1999)
		员工绩效是某种形式的结果	杨杰等(2000)
		生产效率、质量方面的成绩	李宝元(2002)
		产出、成果的同义词	Jerry 等(2005)
	行为论	员工绩效可以是一种行为	Organ(1988)
		结果会受系统因素的影响	Campbell(1990)
		实现目标的一系列行为	Murphy(1990)
		员工绩效不是后果,本身就是行动	Campbell 等(1993)
		行为包括生产、反生产行为绩效	Hunt(1996)
		行为因素会影响结果	Motowidlo(1997)
		员工绩效是对组织有贡献的行为	Rotundo(2002)
		行为是可以评估和测量的	张德(2004)
	综合论	高的员工绩效等于结果和行为的总和	Brumbrach(1988)
		行为是通过结果表现的	Michael 等(1998)
		员工绩效由行为、能力和结果组成	Woodruffe(1992)
		员工绩效考核来源于工作方式的适应性	Pulakos(2000)
		员工绩效是由多个维度构成的	陈学军等(2001)
		员工绩效是由方式、行为和结果组成	饶征(2002)
		员工绩效是学习、思考、处理等能力	Hesketh 等(2004)
		创新能力属于绩效考核指标	Janssen 等(2004)
		员工绩效是员工接受和共享知识的能力	Pentti(2004)
		员工绩效包括动态过程和静态结果	黎娟(2014)

资料来源:笔者根据相关资料整理。

2. 员工绩效的维度与测量

随着员工绩效"综合论"的确立，学者对于员工绩效的研究也不仅仅局限于行为或结果，越来越多的管理学家根据自己对员工绩效含义的理解，对该变量进行了不同维度的划分，并开发量表进行实证研究。

(1) 员工绩效的维度划分

① 西方学者的研究

Katz 和 Kahn（1966）的研究将员工绩效划分为两个维度：角色内绩效和角色外绩效。其中，角色内绩效是指员工在岗位职责内的工作表现；角色外绩效指的是一种超越自身责任的行为，是员工帮助其他员工并对组织负责的表现，又称作"组织公民行为"。

Campbell（1990）在研究中将影响员工绩效的因素总结为八点：特定工作的任务熟练性、非特定工作的任务熟练性、书面与口头沟通的熟练性、表现出的努力、维持个体的纪律性、促进同事及团队绩效、监督与领导、管理与执行，并将这八点影响员工绩效的因素总结为员工绩效的八因素模型。Borman 和 Motowidlo（1993）在随后的研究中，将员工绩效的八因素模型分成了两大类，并将这两大类命名为任务绩效和关系绩效，其中，任务绩效是指，在明确了职务内外行为时，员工为核心活动而做的直接行为，或为活动提供帮助的间接行为；关系绩效是指不直接参与生产活动，却由于员工的背景、社会网络等对人际或组织的沟通起到润滑作用，从而提高组织的有效性。

Scotter 和 Motowidlo（1996）的研究认为，关系绩效中包含了对人际关系的影响和对工作的影响两个方面，因此在 Borman 和 Motowidlo（1993）的研究基础上，将关系绩效划分为人际促进和工作奉献。其中，人际促进是指提高组织凝聚力，使得员工乐于合作或产生利他行为；工作奉献指的是个体的自律行为，如个体努力地工作等。

Allworth 等（1997）认为，随着科技不断的进步，员工需要通过不断学习新的知识和技能来适应工作的复杂性，员工对新知识新技术的适应能力也对员工绩效产生影响，因此提出了"适应性绩效"这个概念。Allworth 的实证研究表明，适应性绩效独立于任务绩效和关系绩效之外。

② 中国学者的研究

孙健敏等（2002）通过对中国企业管理者的研究发现，在中国这种严守"权力距离""上下级关系"的文化背景下，组织中员工的人际关系、个人的特质对员工绩效具有显著的影响。故此，在保留任务绩效的同时，增加了人际绩效和个体特质绩效两个维度。其中，个体特质绩效是指员工的一些活动不属于任务活动，却能提高组织效率，例如，主动承担非工作内容范围内的任务、为了完成工作尽心尽力等。

王辉等（2003）将 Borman（1993）提出的"任务—关系"两维度绩效模型进行了翻译，并结合中国文化背景，探讨了"任务—关系"绩效模型在中西方企业中的结构差异。研究结果表明任务绩效和关系绩效在结构上相互独立，"任务—关系"两维度绩效模型在中国也同样适用。

温志毅（2005）以中国企业中层管理人员为研究对象，结合中国情景，开发了员工绩效评定量表。该量表将员工绩效划分为四个维度：任务绩效、人际绩效、适应绩效、努力绩效。韩翼等（2007）则认为，员工适应环境能力的本质是学习的能力，同时加入创新绩效的概念，最终将员工绩效划分为四个维度：任务绩效、关系绩效、学习绩效、创新绩效。

表 2-9 是笔者根据已有文献总结出的员工绩效维度的划分情况。

表 2-9　员工绩效维度划分情况

员工绩效维度	新维度提出	研究学者
角色内绩效、角色外绩效	角色内绩效 角色外绩效	Katz 和 Kahn（1966）
八因素	八因素模型	Campbell（1990）
任务绩效、关系绩效	任务绩效 关系绩效	Borman 和 Motowidlo（1993）
任务绩效、人际促进、工作奉献	人际促进 工作奉献	Scotter 和 Motowidlo（1996）
任务绩效、关系绩效、适应性绩效	适应性绩效	Allworth 等（1997）
任务绩效、人际绩效、个体特质绩效	人际绩效 个体特质绩效	孙健敏等（2002）
任务绩效、关系绩效	中国情境下的"任务—关系"绩效	王辉等（2003）

续表

员工绩效维度	新维度提出	研究学者
任务绩效、人际绩效 适应绩效、努力绩效	适应绩效 努力绩效	温志毅（2005）
任务绩效、关系绩效 学习绩效、创新绩效	学习绩效 创新绩效	韩翼、廖建桥（2007）

资料来源：笔者根据相关资料整理。

(2) 员工绩效的测量及量表

在员工绩效量表开发的过程中，不同学者根据各自对员工绩效的定义和维度划分编制量表，并通过实证研究测量量表的信效度。

Goldman 等（1990）早期的理论认为，员工绩效仅包括员工完成的任务，因此设计了测量任务绩效量表，共包含九个题项。

Campbell（1990）所设计的量表具有八个维度，从对美国军队的研究开始，一直推广到美国的其他行业。Borman 和 Motowidlo（1993）在归类 Campbell 的八因素后，开发了"任务—关系"双维度量表，共计 16 个题项。Scotter 等（1996）则保留了任务绩效维度，同时将关系绩效划分为人际促进和工作奉献，设计的新量表共计 15 个题项。王辉等（2003）结合中国背景，将 Borman 等开发的量表进行翻译和验证，最终形成了中文版"任务—关系"绩效量表。经过测量，该量表具有较高的信度和效度。

韩翼和廖建桥（2007）设计的四维度量表共计 39 个题项，其中任务绩效题项 10 个，关系绩效题项 14 个，学习绩效题项 7 个，创新绩效题项 8 个。

表 2-10 是笔者根据已有文献归纳的有代表性的员工绩效测量量表。

表 2-10　员工绩效测量量表汇总

量表题项	量表维度	研究学者
一系列主观问题	特定工作的任务熟练性等八个维度	Campbell（1990）
9 个题项	任务绩效量表	Goldman 等（1990）
16 个题项	"任务—关系"双维度量表	Borman 等（1993）
15 个题项	人际促进、工作奉献	Scotter 等（1996）

续表

量表题项	量表维度	研究学者
15 个题项	Scotter 量表中国化	王辉等（2003）
39 个题项	任务绩效、关系绩效、学习绩效、创新绩效	韩翼等（2007）

资料来源：笔者根据相关资料整理。

3. 员工绩效的相关变量研究

从学者对员工绩效维度的划分，我们知道，员工绩效是员工心理因素、组织因素、个性特征因素和其他外部因素共同作用的结果，因此，探究影响员工绩效的前因变量也是学术界的主要研究方向，研究成果也比较成熟，大体上分为员工个体层面对员工绩效的影响，以及组织层面对员工绩效的影响。

（1）员工个体层面

Barrick 和 Mount（1991）的研究发现，大五人格中的严谨性和外向性与员工绩效呈现正相关关系。具有严谨性的员工严肃谨慎，考虑问题细致周全，并追求完美解决问题的方法；外向性员工行为的核心动机是支配需求、对酬赏敏感，这种核心动机会为他们获取资源、博得晋升提供动力来源。

Hayes 等（1994）以企业操作工人为研究对象，研究结果表明，在操作工人群体中，社交性与员工绩效呈现负相关关系：操作型工人的员工绩效主要由操作的效率决定，而社交会占用操作时间，降低操作的效率，进而降低他们的员工绩效；Furnham 和 Stringfield（1993）则对中国企业的管理人员进行研究，认为在管理人员群体中，内向性与员工绩效呈现负相关关系、外向性与员工绩效呈现正相关关系：管理人员的员工绩效中周边绩效占据绝大比例，管理人员更多的是起到指导下属、沟通领导的协调作用，这与管理人员个人的交际能力和社会关系联系紧密。内向性管理人员相比外向性管理人员而言，人际交往较为匮乏，社会关系也较为单一，因此会影响他们的周边绩效，进而降低员工绩效。

宝贡敏等（2009）发现，员工个体建言行为与团队创新绩效具有显著正向关系。建言行为可以促进团队的创新，进而增强团队创新绩效。郑晓涛等（2008）、于桂兰和杨术（2014）等学者的研究表明，员工沉默行为对员工绩效有负向影响：员工沉默行为会增加员工心理压力，使员工在工作中由于心理负担而变得有所保留，久而久之产生不满情绪，降低工作效率，最终降低绩效。

Lu（2010）的研究表明，员工的应对方式与员工绩效之间存在相关性。其中，主动应对方式与员工绩效存在显著正相关关系；被动应对方式与员工绩效存在负相关关系；娱乐放松应对方式与员工绩效没有显著关系。持主动应对方式的员工会积极地解决问题，提高自身的员工绩效。

在工作压力与员工绩效关系的研究中，不同学者得出的结论不尽相同，多数学者的结论是呈负相关关系和倒"U"形关系。一定的心理压力可以使员工提升紧迫感，提高工作的效率进而提高员工绩效，而过度的工作压力则会让员工缺乏控制感、身心疲惫、情绪耗竭，从而降低员工绩效（黎娟（2014）。

Chandra 和 Priyono（2015）的研究表明，员工工作环境和工作满意度会对员工绩效产生影响。具体表现为：员工工作环境越良好，员工绩效越高；员工工作满意度越高，员工绩效越高。

Pateria（2015）的研究表明，员工的情绪智力对员工绩效有显著影响。Pateria认为，情绪智力是指感知、控制的能力，高情绪智力的员工匹配组织策略的同时，会提高业务性能，最终提高员工绩效。

（2）组织层面

Eisenberger（1986）的研究发现，组织支持感与员工绩效呈现正相关关系。组织支持感的获得可以激发员工的创造力和想象力，提高员工的创新能力，进而提高员工绩效。

Williams 和 Anderson（1986）的研究表明，虽然组织承诺与员工绩效之间存在正相关关系，但是相关系数较小。其原因在于，员工在获得承诺后，会担心组织的承诺是否会兑现，因而抱着怀疑的态度工作。而韩翼（2006，2008）的研究则认为，组织承诺会影响员工的工作情绪进而提高员工的工作积极性，员工为了实现目标努力工作，最终提高了员工绩效。韩翼（2006，2008）的研究还提出，工作满意度、目标定向对员工绩效均具有正向影响，通过影响员工的物质倾向、发展倾向两个方面来提高员工工作积极性，进而提高工作效率。

组织公平与员工绩效呈现正相关关系。其中，组织公平的四个维度分配公平、程序公平、人际公平、信息公平与员工绩效均具有正相关关系（Colquitt，2001；Borman，1991；Masterson 等，2000）。

刘蕾（2008）的研究表明，组织沉默对员工绩效具有显著负向影响：组织沉默氛围越浓，员工绩效越低。其中，组织沉默对任务绩效影响最大，对人际促进、工作奉献、创新绩效的影响基本保持一致。

Jalal（2015）、Chandra 和 Priyono（2015）的研究表明，领导风格与员工绩效有关。Jalal 认为，参与型领导和民主型领导会对员工绩效产生促进作用。目前，学术界对于威权领导和员工绩效关系的研究尚未达成一致，两者之间的关系存在三种结论：正相关（杨国亮等，2012）、负相关（Wu 等，2012）和无相关性（张新安等，2009）。从大量学者的研究结果来看，持威权领导和员工绩效负相关意见的学者占据多数。本书认为，存在这种差异的原因在于：一方面，威权领导分为对员工控制和对工作结果控制两种类型，以员工控制为主的威权领导强调员工服从，而以工作结果控制为主的威权领导则强调员工的绩效；另一方面，不同的量表、被试者性格和文化的差异，也会对最终的结果产生影响。

Githui（2015）认为，组织文化与员工绩效之间也存在正相关作用。Githui 的研究结果表明，组织文化中的组织文化参与维度和组织文化适应性维度都与员工绩效显著正相关。

Mwanzia（2015）的研究表明，组织变革会对员工绩效产生影响。当一个组织发生变化后，员工往往抗拒环境的改变，这种抗拒和不配合可能给组织带来负面的影响。Mwanzia 认为，当组织变革后，管理者需要为员工提供适当的工作环境和适当的奖励和奖金，以此来提高员工绩效。

Li（2015）的研究表明，企业社会责任感对员工绩效有显著的促进作用：社会责任感越强的公司，员工的工作效率和工作质量就越高。此外，企业中的团队合作也可以有效地提高员工绩效（Mungai，2015）。

表 2 - 11 是笔者根据已有文献归纳的影响员工绩效前因变量。

表 2–11　员工绩效前因变量

相关变量			相关性	研究学者
个体层面	严谨性		正相关	Barrick 等（1991）
	外向性		正相关	Barrick 等（1991） Furnham 等（1993）
	内向性		负相关	Furnham 等（1993）
	社交性		负相关	Hayes 等（1994）
	员工建言		正相关	宝贡敏等（2009）
	员工沉默		负相关	郑晓涛等（2008） 于桂兰和杨术（2014）
	应对方式	主动	正相关	Lu（2010）
		被动	负相关	
		娱乐	不相关	
	工作压力		负相关 倒 U 形	黎娟（2014）
	目标定向		正相关	韩翼（2006）
	绩效倾向		正相关	
	工作满意度		正相关	Chandra 和 Priyono（2015）
	工作环境		正相关	
	情绪智力		正相关	Pateria（2015）
组织层面	组织支持感		正相关	Eisenberger（1986）
	组织承诺		正相关（相关系数较小）	Williams 等（1986）
	组织公平		正相关	Colquitt 等（2001）
	组织沉默		负相关	刘蕾（2008）
	组织文化		正相关	Githui（2015）
	组织变革		负相关	Mwanzia（2015）
	企业社会责任感		正相关	Li（2015）
	领导风格	参与型民主型	正相关	Jalal（2015）
	威权领导		正相关 负相关 不相关	杨国亮等（2012） Wu 等（2012） 张新安等（2009）

资料来源：笔者根据相关资料整理。

4. 小结

通过对员工绩效文献的梳理，我们可以发现，学术界对员工绩效的定义大体上可以分为三类：以 Bernardin（1984）为代表的"结果论"；以 Organ（1988）为代表的"行为论"；以 Brumbrach（1988）为代表的"综合论"。在对员工绩效的后续研究中，学者普遍选择"综合论"的观点对员工绩效进行实证研究。

本书认为，员工绩效既包括员工最终完成的能看见的组织目标，也包括员工在完成目标的过程中种种看不见的付出，这一点在中国情境下极为吻合。中国是一个"高权力距离""关系导向"型的国家，员工在完成组织目标时，除了要运用自己的经验和技能，同时还要使用自己积累的人脉关系。因此，在我国，员工绩效是一种多维度、综合性的变量。

本书经过综合因素考量，支持员工绩效"综合论"，采用王辉等（2003）对员工绩效的定义和维度划分，将员工绩效划分为两个维度：为核心活动所做直接行为的任务绩效；为了完成任务而进行沟通等行为起到润滑作用的关系绩效，其中，关系绩效也称作周边绩效。通过对员工绩效前因变量梳理，我们知道，影响员工绩效的因素包括两类：组织因素和员工个体因素，因此本书选择威权领导、员工沉默行为这两个变量，来证实中国情境下威权领导、员工沉默行为与员工绩效之间的关系。

第四节　组织政治知觉文献回顾

1. 组织政治知觉的含义

组织政治知觉顾名思义，是组织内员工对组织政治行为的感知。Lewin（1936）认为，人是基于对现实的知觉而采取行动，而并非现实本身。因此，Ferris 等（1989，1991，2000）将组织政治知觉定义为一种员工对他人政治活动的感知：当员工身边的人或组织致力于追求自我利益时，员工对这些行为的感知和评价就构成了组织成员在组织中的政治知觉。

Porter（1976）的理论则认为，针对组织中的政治行为和非政治行为难以分辨的情况，员工仅靠主观的感知是不准确的，可能会对客观存在的事实进行歪曲的表征。Vigoda（2000）也认为，组织政治知觉的研究重心应该借助于对事实主观的感受而并非对行为的观察和臆测。

Kacmar和Baron（1999）和Hochwarter（2000）则认为，组织政治知觉是员工对一系列活动的感知，而并非针对单一事件：当个人或组织追求自我利益最大化时，会通过一系列活动来达到目的，而员工对于这一系列活动的感受称作员工的组织政治知觉。孙汉银（2004）把这一系列的活动归结为组织成员对于其他成员所从事的政治行为的主观感受。

组织是由若干个体组成的，个体之所以会加入组织，是因为组织在一定程度上会以团队合作的方式帮助个体实现单靠个人力量难以实现的目标。然而组织的资源是有限的，在个体争夺资源的过程中，个体的组织政治知觉会对组织成员的工作态度、组织团队建设、工作效率产生极大的影响（陈壁辉，2008）。

2. 组织政治行为与组织政治知觉的区别

早期的研究学者将组织政治和组织政治行为视为同义词。Ferris（2002）提出了二者的区别：组织政治行为强调的是个体或团队在组织中发生的行为，而组织政治则是描述这种行为发生的程度。因此，本书在文献梳理的过程中，将组织政治和组织政治行为视为同义词。

（1）组织政治行为

Burns（1961）最早提出了组织政治行为的概念。Burns认为，员工在争夺资源的过程中为了获得优势而进行的一系列活动称为组织政治行为。后续的研究学者将组织政治行为的定性分为了两个方面：以Pfeffer（1981）为代表的学者将组织政治行为视为一种自然活动，用于解决组织内部利益分配，而以Woodman（1985）为代表的学者则强调组织政治行为是一种自利的行为。

黄隆民（1995）整理了Burns等（1961）的研究，并结合他们的观点，将组织政治行为定义为：在情况不明确或资源稀缺的时候，组织中的成员会运用手段和策略，以争取或维护他们的权利、利益和地位，同时他们会影响组织中的利益分配，以达到预期的结果。马超等（2006）结合中国的国情，认为员工的组织政治行为受潜在动机的支配。

由以上定义我们可以看出，组织政治行为的发生需要一定的特定环境，人们根据当下环境所产生的现象而有所行动。因此，组织政治行为也可以看作一种组织内部的政治行为。

（2）组织政治知觉

通过对组织政治知觉含义的整理我们知道，组织政治知觉强调的是员工对事实的主观感受。Ferris 等（1989，1991，2000）、Kacmar 和 Baron（1999）、Hochwarter（2000）等学者在给组织政治知觉下定义时，都强调员工的主观经验以及感受。这说明相比组织政治行为来说，组织政治知觉更偏向于员工主观的感知，而并非政治行为本身。

Vigoda（2000）在研究中指出，组织政治行为与组织政治知觉最大的区别在于对现象观察视角的不同：组织政治行为强调的是对组织中政治行为本质的分析，包括产生这种行为的环境、主体，以及所造成影响等方面，而组织政治知觉强调的则是通过观察组织政治行为而产生的主观感受。

3. 组织政治知觉的维度与测量

对于组织政治知觉的测量，学者使用的量表题目、维度、被试人群及其主观认知均不相同，这就导致了不同学者的研究成果不尽相同，甚至相同学者在不同时期的研究结果也相差甚远。

Ferris 和 Kacmar（1989）最早的研究认为组织政治知觉具有多维性，应该包括上司的政治行为、同事的政治行为、组织具有的政治性政策；Ferris 和 Kacmar（1991）在经过理论推演和结果测试之后，将组织政治知觉维度扩充为五个维度：保持沉默、自我服务行为、同事间的关系、小团体、薪酬与升迁政策；Nye 和 Witt（1993）、Paker 等（1995）则对 Ferris 和 Kacmar（1991）的量表提出了质疑，通过探索性和验证性因子分析，认为组织政治知觉是一个单维度构念。

Ferris 和 Kacmar（1992）逐渐偏向于员工对上级、同事之间关系的研究，最终将组织政治知觉划分为三个维度：上级的行为、同事与小团体行为、政策与实务差距，其中每个维度4个题项，共计12个题项。

Zhou 和 Ferris（1995）通过验证性因子分析发现，组织政治知觉划分为三个维度拟合度最佳,这三个维度是主导性群体、组织奖酬实践、同事的政治行为。

Kaemar 和 Carlson (1997) 通过建立结构方程模型,将 Ferris (1992) 的 POPS 量表扩充至 15 个题项,形成了新 POPS 量表,将组织政治知觉划分为一般政治行为、保持沉默静待好处、薪酬和晋升策略三个维度。李安民 (2002) 采用探索性因子分析对新 POPS 量表进行本土化验证,并结合中国背景,将组织政治知觉划分为一般政治行为、政策与实务差距行为、沟通障碍行为三个维度。

吴孝慈 (2001) 综合了 Ferris 等 (1991)、Kaemar 和 Carlson (1997) 的观点,将组织政治知觉划分为上级行为、同事与小团体行为、政策与实务差距行为、一般政治行为四个维度。而马超和凌文铨 (2006) 在自行开发的问卷中,将组织政治知觉划分为自利行为、薪酬与晋升、同事关系三个维度,该问卷被后续研究学者广泛使用。

对于组织政治知觉维度的划分学术界尚未统一。Fedor 等 (1998) 认为,出现这种情况的根本原因在于学者对组织政治知觉的定义的不同,所选择的样本也有所差异。而其本人则将组织政治知觉划分为:优势个体或群体、薪酬实践、信息扭曲、印象管理、缺乏明确性的薪酬及晋升政策五个维度。但根据已有研究看来,三维度的结构模型被使用得最为广泛。

表 2-12 是笔者根据已有文献归纳的组织政治知觉维度的划分。

表 2-12 组织政治知觉维度划分

维度数量	维度的划分	研究学者
单维度	单维结构	Nye 和 Witt (1993) Paker 等 (1995)
三维度	上司的政治行为、同事的政治行为、组织具有的政治性政策	Ferris 和 Kacmar (1989)
	一般政治行为、保持沉默静待好处、薪酬和晋升策略	Kaemar 和 Carlson (1997)
	主导性群体、组织奖酬实践、同事的政治行为	Zhou 和 Ferris (1995)
	一般政治行为、政策与实务差距行为、沟通障碍行为	李安民 (2002)
	自利行为、薪酬与晋升、同事关系	马超和凌文铨 (2006)

续表

维度数量	维度的划分	研究学者
四维度	上级行为、同事与小团体行为、政策与实务差距行为、一般政治行为	吴孝慈 (2001)
五维度	保持沉默、自我服务行为、同事间的关系、小团体、薪酬与升迁政策	Ferris 和 Kacmar (1991)
	优势个体或群体、薪酬实践、信息扭曲、印象管理、缺乏明确性的薪酬及晋升政策	Fedor 等 (1998)

资料来源：笔者根据相关资料整理。

4. 组织政治知觉的前因变量

根据对已有文献的整理，我们认为影响员工组织政治知觉的因素有很多，其中包括自我监控能力、马基雅维利主义、等级地位、晋升机会等。Ferris (1989) 在对这些因素进行整理后，提出了组织政治知觉 (POP) 模型。Ferris 的组织政治知觉模型显示，影响员工组织政治知觉的因素大体上分为三类：员工个人因素、组织因素和工作环境因素 (见图 2-1)。

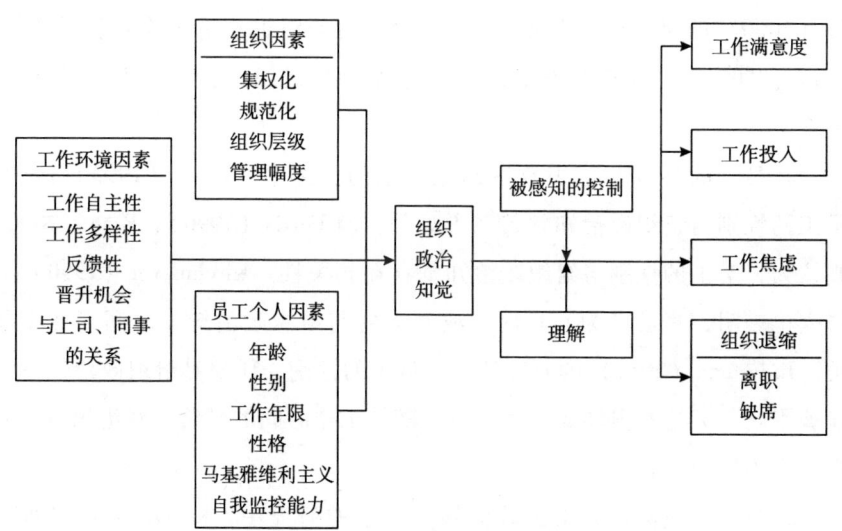

图 2-1　Ferris 的组织政治知觉模型

资料来源：Ferris and Kaemar, "Perceptions of Organizational Polities". *Journal of Management* 1992, 18 (1): pp. 93–116.

(1) 个体变量

目前为止，学术界关于组织政治知觉的量表并不统一，这导致了学者们对组织政治知觉和相关个体变量测量的结果存在差异。Ferris（1989）的组织政治知觉模型表明，员工个体对于组织政治知觉的影响因素可以分为员工自然属性和人格的特征。其中，自然属性包括员工年龄、性别、工作年限、性格；人格特征包括员工的自我监控能力和马基雅维利主义（Machiavelli Doctrine）。马基雅维利主义是指个体利用他人达成个人目标的一种行为倾向（Christie，1970）。随着组织政治知觉模型的提出，Ferris本人以及其他学者不断完善这个模型，并在此基础上进行大量的实证研究。

在员工年龄与组织政治知觉关系的研究中，Ferris等（1989，1992）的两次研究结果得出不同的结论：一种结论是年龄与组织政治知觉存在正相关关系；另一种结论是年龄与组织政治知觉存在负相关关系。但Ferris（1995）随后的研究则表明，年龄与组织政治知觉的关系不显著。

在员工受教育程度与组织政治知觉关系的研究中，Paker等（1995）的研究结果表明，员工的受教育程度与组织政治知觉存在正相关关系；Witt等（2000）的研究却认为员工的受教育程度与组织政治知觉关系不显著；Eran（2000）的研究则表明，受教育程度与组织政治知觉存在负相关关系。

在员工的性别与组织政治知觉关系的研究中，Drory（1993）认为，员工的性别与组织政治知觉关系不显著，而Ferris（1996）、Eran（2000）则认为，员工的性别与组织政治知觉存在相关性。Kirchmeyer（1990）的研究也表明，当员工为女性时，权利需要与组织政治知觉之间存在正相关。Indartono（2011）的研究认为，员工的性别、任期对组织政治知觉有显著影响。无论是男性或女性员工，随着工作时间的延续，对组织政治知觉都有不同的修正。

在员工自我监控与组织政治知觉关系的研究中，Kirchmeyer（1990）认为，员工的自我监控与组织政治知觉之间存在正相关关系，而Ferris等（1992）、Valle等（2000）等的研究则表明，自我监控与组织政治知觉关系不显著。

在种族与组织政治知觉关系的研究中，Paker（1995）认为，种族与组织政治知觉之间关系不显著，而 Ferris 等（1996）的研究则表明，种族与组织政治知觉之间存在正相关关系。

Valle 和 Perrewe（2000）的研究表明，马基雅维利主义与员工的组织政治知觉存在正相关关系，马基雅维利主义倾向越强，员工组织政治知觉越高；员工权利需要与组织政治知觉正相关关系不显著；员工内外控人格和组织政治知觉存在相关性，具体表现为，外控人格与组织政治知觉之间具有正相关关系，而内控人格与组织政治知觉之间具有负相关关系。员工技能多样性与组织政治知觉之间存在负相关关系（Ferris，1992）。

基于对以上学者研究的整理，我们认为，管理者可以通过适当的措施，包括对员工的培训、企业文化的学习、责任感的培养，来削弱员工组织政治知觉对组织产生的负面影响。同时，鉴于组织政治知觉是员工对组织内部政治行为的感知，创造良好、公平的竞争环境，也可以有效地削弱员工的组织政治知觉。

表 2-13 是笔者根据已有文献总结的个体变量与组织政治知觉关系。

（2）情景变量

以 Ferris 等（1992，1996）为代表的学者认为，对员工组织政治知觉产生影响的情景变量主要分为两类：工作环境对员工组织政治知觉的影响、组织对员工组织政治知觉的影响。其中，Ferris 将工作环境影响因素分为薪酬、工作自主性、工作多样性、反馈、晋升机会、与上司的关系等因素；将组织影响因素分为集权化、规范化、等级地位和管理幅度等。

①对工作环境影响的研究

关于薪酬与组织政治知觉关系的研究，Ferris 等（1992）认为，薪酬与组织政治知觉存在负相关关系。随后，Ferris 等（1996）推翻了自己的结论，新的研究结果表明，薪酬与组织政治知觉存在正相关关系。Anderson（1994）则认为薪酬与组织政治知觉关系不显著。

表 2-13 个体变量与组织政治知觉的关系研究结论

变量		结论	学者
个体变量	性别	正相关 负相关 不显著	Eran (2000) Ferris (1996) Drory (1993)
	年龄	正相关 负相关 不显著	Ferris (1992) Ferris 等 (1992, 1994) Ferris (1995, 1996) Paker 等 (1995)
	受教育程度	正相关 负相关 不显著	Paker 等 (1995) Eran (2000) Witt 等 (2000)
	自我监控	正相关 不显著	Kirchmeyer (1990) Ferris 等 (1992) Valle 等 (2000)
	工作时间	正相关	Indartono (2011)
	内外控人格	外控人格正相关 内控人格负相关	Valle 和 Perrewe (2000)
	马基雅维利主义	正相关	
	权利需要	不显著 女性正相关	Kirchmeyer (1990)
	种族	正相关 不显著	Paker (1995) Ferris 等 (1996)
	技能多样性	负相关	Ferris (1992) Valle 和 Perrewe (2000)

资料来源：笔者根据相关资料整理。

关于环境不确定性与组织政治知觉关系的研究，Anderson（1994）认为，环境不确定性与组织政治知觉存在正相关关系，而 Parker（1995）则得出相反的结论，认为环境不确定性与组织政治知觉存在负相关关系。

Ferris 等（1992）、Valle 和 Perrewe（2000）则在研究中得出了一致的结论：工作自主性与组织政治知觉存在负相关关系；工作多样性与组织政治知觉存在负相关关系；晋升机会与组织政治知觉存在负相关关系；上下级关系和组织政治知觉之间存在负相关关系。Kacmar（1999）在研究中也得出与上述两位学者一致的观点，并提出了新的观点：资源缺乏与组织政治知觉存在正相关关系。

Paker（1995）、Kacmar（1999，2001）的研究表明，反馈与组织政治知觉存在负相关关系；生涯发展与组织政治知觉也存在负相关关系。

②对组织影响的研究

Ferris 等（1996）、Valle 和 Perrewe（2000）的研究都证实了：集权化与组织政治知觉之间存在正相关关系；管理幅度与组织政治知觉关系不显著。而 Kacmar（1999）的研究则表明，集权化与组织政治知觉之间存在负相关关系。

在规范化与组织政治知觉关系的研究中，Ferris（1996）与 Valle 和 Perrewe（2000）得出了不同的结论。Ferris 等（1996）认为，规范化与组织政治知觉之间存在负相关关系，规范化越强员工组织政治知觉越弱，而 Valle 等（2000）的研究结果则表明，规范化与组织政治知觉之间关系不显著。

在等级地位与组织政治知觉关系的研究中，Ferris 等（1992）认为，等级地位与组织政治知觉之间存在正相关关系（Drory，1993）；Valle 和 Perrewe（2000）的研究结果则表明，等级地位与组织政治知觉之间存在负相关关系；Paker（1995）则认为两者之间关系不显著。

表 2 - 14 是笔者根据已有文献总结的情景变量与组织政治知觉关系。

表 2 - 14 情景变量与组织政治知觉的关系研究结论

情景变量		结论	学者
工作环境影响	薪酬	负相关 正相关 不相关	Ferris 等（1992） Ferris 等（1996） Anderson（1994）
	反馈	负相关	Ferris 等（1992）、Paker（1995） Kacmar（1999）
	晋升机会	负相关	Ferris 等（1992，1996） Kacmar（1999）、Valle 等（2000）

续表

情景变量		结论	学者
工作环境影响	与上司的关系	负相关	Ferris 等（1992） Valle 等（2000）
	工作自主性		
	工作多样性		
	环境不确定性	正相关 负相关	Anderson（1994） Parker（1995）
	资源缺乏	正相关	Valle 等（2000）
	生涯发展	负相关	Parker（1995） Kacmar（2001）
组织影响	集权化	正相关 负相关	Ferris 等（1996） Valle 等（2000） Kacmar（1999）
	规范化	负相关 不显著	Ferris 等（1992, 1996） Valle 等（2000）
	等级地位	正相关 负相关 不显著	Ferris 等（1992）、Drory（1993） Valle 和 Perrewe（2000） Paker（1995）
	管理幅度	不显著	Ferris 等（1992） Valle 等（2000）

资料来源：笔者根据相关资料整理。

5. 组织政治知觉的结果变量

组织政治知觉的结果变量大致可以分为三类：心理、态度和行为结果，而对于组织政治知觉和这三类结果变量之间关系的研究，多数学者证实两者之间呈现负面效应。而组织政治知觉不仅会给员工个人带来负面的影响，同时也会对组织的发展起到抑制作用。

（1）对员工个人的影响

Ferris（1989）认为，组织政治知觉结果变量应该包括工作满意度、工作投入、工作焦虑、组织退缩。在后续学者研究中，将组织退缩更改为组织承诺、组织支持和离职（Drory 等，1993；Nye 等，1993；Anderson，

1994；Valle，2000)。

在组织政治知觉与工作满意度之间关系的研究中，Ferris（1992，1996）、Nye（1993）、Paker（1995）和 Kacmar（1999）认为，两者之间呈现负相关关系。

在组织政治知觉与工作投入之间关系的研究中，Bizeman（1985）认为，组织政治知觉与工作投入关系不显著；Ferris 等（1992）的研究则表明，组织政治知觉与工作投入之间存在正相关关系；Cropanzano（1997）则认为组织政治知觉与工作投入之间存在负相关关系。

在组织政治知觉与工作焦虑、离职之间关系的研究中，学者得出了相同的结论：组织政治知觉与工作焦虑之间存在负相关关系；组织政治知觉与离职之间存在正相关关系（Anderson，1994；Ferris，1996；Kacmar，1999；Valle，2000；Karatepe，2013；Chinomona，2013；陶建宏，2020）。

康晓然（2012）认为，组织政治知觉与员工沉默行为之间存在正相关关系。

Wu（2014）认为，员工的组织政治知觉对知识共享有显著影响作用，具体表现为：组织政治知觉越高的员工，越不愿意和身边的人进行知识共享。

Yen（2015）和熊斌（2020）的研究表明，组织政治知觉与销售人员的员工绩效显著正相关。与办公室员工不同，销售人员需要通过销售的技巧和人脉的积累，来完成任务从而获得提成奖励。同时，Yen 的研究还表明，组织政治知觉和销售人员工作动机呈现正相关关系。

Bodla 等（2015）认为，组织政治知觉对员工士气有抑制作用。之所以出现这样的情况，源于员工不愿意把大量的精力投入到组织中，而更希望从组织中获取他们所期待的利益。

(2) 对组织的影响

Nye 等（1993）、Cropanzano（1997）、Witt（1998）、Indartono（2011）等学者研究结果表明，组织政治知觉与组织承诺之间存在负相关关系。而 Drory（1993）的研究则认为，组织政治知觉与组织承诺关系不显著。Indartono（2011）的研究还表明，组织政治知觉和组织信任呈显著负相关关系。

Nye 等（1993）、Randall（1999）认为，组织政治知觉与组织公民行为存在负相关关系；Drory（1993）、Cropanzano（1997）的研究则表明，组织政治知觉与组织公民行为之间关系不显著。

表 2-15 是笔者根据已有文献归纳的组织政治知觉对结果变量关系。

表 2-15　组织政治知觉与结果变量关系研究结论

	结果变量	结论	学者
员工个人层面	工作满意度	负相关	Ferris（1992，1996）、Nye（1993）Paker（1995）、Kacmar（1999）
	工作投入	正相关 负相关 不显著	Ferris 等（1992） Cropanzano（1997） Bizeman（1985）
	工作焦虑	正相关	Anderson（1994）、Ferris（1996）Kacmar（1999）、Valle（2000）
	员工沉默	正相关	康晓然（2012）
	离职	正相关	Anderson（1994）、Kacmar（1999）Karatepe（2013）、Chinomona（2013）陶建宏（2020）
	知识共享	负相关	Wu（2014）
	员工绩效（销售）工作动机（销售）周边绩效	正相关 负相关	Yen（2015） 熊斌（2020）
	员工士气	负相关	Bodla 等（2015）
组织层面	组织承诺	负相关 不显著	Nye 等（1993）、Cropanzano（1997）Drory（1993）、Witt（1998）
	组织公民行为	负相关 不显著	Nye 等（1993）、Randall（1999）Drory（1993）、Cropanzano（1997）
	组织支持	负相关	Nye 等（1993）、Cropanzano（1997）
	组织信任	负相关	Indartono（2011）

资料来源：笔者根据相关资料整理。

6. 组织政治知觉的调节作用

从 Ferris（1989）对组织政治知觉的定义，我们知道，组织政治知觉是员工在追求自我利益时，对组织内他人政治行为的感知。因此，组织政治知觉越高的员工，对组织内部的政治行为越敏感，渴望自身获得利益的同时，还会避免自身的利益受到损失。

阎波（2012）以乡镇政府领导为样本，研究问责、组织政治知觉和印象管理之间的关系。研究结果表明，组织政治知觉在问责与印象管理之间存在调节作用。

张蕾（2012）认为，组织政治知觉在真实型领导和下属对领导的个体认同之间起调节作用，其中，组织政治知觉水平较高时，二者呈反向相关；组织政治知觉水平较低时，二者呈正向相关。

张月（2014）的研究结果表明，组织政治知觉在防御性心理所有权和知识共享之间起调节作用，员工的组织政治知觉越高，防御性心理所有权就越会抑制员工对知识的共享。

基于以上学者成果，本书认为，威权领导作为一种具有较高"权力距离"的领导类型，会给下属营造出紧张、压抑、臣服的环境，组织政治知觉越高的员工，为了争取和保护自己的利益，越容易出现员工沉默行为。

7. 小结

通过对文献的整理可以发现，在组织政治知觉的研究中，不同学者对于同一变量的研究结果不尽相同，甚至同一学者对某一变量不同时期的研究也会得出截然相反的结果。本书认为，出现这一情况的根本原因在于：学者关于组织政治知觉维度的划分由于研究角度的不同而没有统一，从而导致没有形成适用于不同研究重点的量表，而员工在填写现有的组织政治知觉量表时，会有暴露出人际关系、自私程度、利益欲望的担心，因此，在填写问卷时会有所顾虑。

尽管组织政治知觉在国外研究起步较晚，但 Ferris（1992，1996）等学者的一系列研究证明组织政治知觉与态度、行为、环境等诸多因素有关。而国内学者对中国背景下组织政治知觉的研究还处于起步阶段，研究成果较少。马超等（2005）认为在中国文化下，西方的组织政治知觉量表并不适用，因此马超（2005）以西方的组织政治知觉量表为基础，根据中国国情，对西方组织政治知觉量表进行修订。

本书采用 Ferris 等（1996）的定义，认为组织政治知觉是员工在追求自我利益时，对组织内他人政治行为的感知，并将组织政治知觉划分为一般政治行为、保持沉默静待好处、薪酬和晋升政策知觉三个维度。然而基于对研究假设数量的考量，在研究中将组织政治知觉的三个维度作为一个整体变量进行处理。在测量中，选取 Kacmar 和 Carlson（1997）开发的量表，该量表在 Kacmar 和 Ferris（1991）所开发量表的基础上，对组织政治知觉的测量进行了进一步的完善，题项从 12 个扩充到 15 个，被广泛地应用于其后的研究中。本书将对组织政治知觉在威权领导和员工沉默行为之间的调节作用进行实证研究，并以此为基础，探究组织政治知觉在威权领导和员工绩效关系之间是否存在有调节性的中介作用。

第五节　责任感文献回顾

1. 责任感的含义

责任感也称作责任心，个体责任感的形成起始于认知，对责任认知越是清晰，就越能够把责任转化为责任感，进而转化成责任情感，最终产生履行责任的动力。而此时，对责任的认知和责任情感就会相互渗透，融为一体，最终推动个体产生履行责任的行为（杨自力，2002）。

通过对已有文献的整理，学者们对责任感的定义大体上分为三个方面：以 Organ（1988）为代表的责任感行为说，以朱智贤（1989）为代表的责任感态度说，以 Schlenker（1994）为代表的责任感品质说。

（1）责任感行为说

Organ（1988）把责任感定义为一种自觉的行为，而这种自觉行为是员工发自内心而并非组织硬性规定的，超出组织要求以外。杨自力（2002）将责任感归纳为一种感知行为，这种感知行为会变成驱动力，促使员工认真完成任务。

(2) 责任感态度说

朱智贤（1989）把责任感定义为一种态度，这种态度时刻要求员工要对从事的工作主动负责，而且在工作的时候尽职尽责。刘国华等（2000）在朱智贤研究的基础上，把责任感归结为一种个体积极履行责任的态度，指导员工进行尽职尽责的工作。朱芳（2014）则认为，责任感是员工对义务的高度自觉，其结果表现为员工积极主动地去完成组织赋予的任务。

(3) 责任感品质说

Goldberg（1990）认为，每个员工的责任感都是不同的，由责任感所反映出员工的忍耐力和思考逻辑方式也不尽相同，通过之间的差别可以区分员工之间不同的人格特质。Schlenker（1994）则把这种人格特质归结为"品质"，Schlenker的研究认为，责任感是一种优秀的品质，这种品质会促使员工个体对他人和组织尽职尽责，而这种责任分为三个方面：法律意义上的责任、道德意义上的责任、个体与社会意义上的责任。

姜勇等（2000）、肖文娥（2001）、黄文述（2006）、赵兴奎（2007）等学者把责任感定义为是一种心理品质，而这种心理品质和人的道德良知密切相关，是对他人、集体、国家所承担道德责任的一种体现，是人格组成的重要部分。而责任感则是由责任认知、责任情感、责任意志和责任行为组成的（姜勇等，2000；赵兴奎，2007）。

Lejuez等（2012）整理了一系列关于责任感的概念，最终得出关于责任感的四点结论：责任感是一种人格特质；前人对于责任感的研究基本停留在其组成因素上；责任感的理论架构是嵌入式的；现有的研究成果在测量时运用多种方法去评估责任感维度。

表2-16是笔者根据已有文献总结的关于责任感含义的多种界定。

表2-16 责任感界定

责任感界定	主要观点	研究者
自觉行为	超出组织要求以外	Organ（1988）
人格特质	不同的忍耐力和思考逻辑方式	Goldberg（1990）
职责	个体对他人的尽职尽责	Schlenker（1994）

续表

责任感界定	主要观点	研究者
态度	主动负责、尽职尽责	朱智贤（1989）
行为倾向	履行责任的态度	刘国华等（2000）
一种体验	个人对他人、集体、国家承担道德责任	肖文娥（2001）
个性品质	责任感由多种品质构成	姜勇等（2000）
感知行为	接受责任的心理状态会成为驱动力	杨自力（2002）
心理品质	人格品质的重要组成部分	黄文述（2006） 赵兴奎（2007）
高度自觉	对工作尽职、充分发挥积极主动性	朱芳（2014）

资料来源：笔者根据相关资料整理。

2. 责任感的维度与测量

（1）责任感维度划分

目前，虽然针对责任感进行研究的成果很多，然而学者对责任感维度划分的意见却存在分歧，在对责任感实证研究中的测量也没有统一的量表。通过对已有文献的整理我们发现，学者对责任感维度的划分基本集中在二维度、四维度、五维度和六维度。

①二维度

Mount 和 Barrick（1995）将责任感划分为成就感和可依赖感两个维度。其中，成就感指的是员工个人对于追求成功的渴望；可依赖感是指员工对于领导的信任以及依靠。Moon（2000）在 Mount 和 Barrick（1995）的研究基础上，将成就感维度引申为追求成就；用义务感替换可依赖感维度。其中，义务感是指员工认为自己法律上或道义上存在应尽的责任。

②四维度

Barrick 等（1993）将责任感划分为尽职、可依赖性、坚持、成就取向四个维度。其中，坚持指的是当员工遇到困难时，依旧将工作进行下去。成就取向是指员工具有想获得成功的意愿。

Hogan 等（1997）则把责任感划分为工作努力、条理、一致、自控。其中，一致指的是员工与组织的目标相一致；条理指的是员工不会因为某些原因而违背企业的规定；自控则是指员工对自我情绪的有效控制。

Saucierang 等（1999）在 Barrick 等、Hogan 等的研究基础上，将责任感划分为条理、勤勉、尽职、决断四个维度。而 Peabody 等（2002）的研究则把 Saucierang 提出的决断维度替换成冲动控制，进而将责任感划分为条理、尽职尽责、勤勉努力和冲动控制四个维度。其中，尽职尽责是指员工摆正自己的位置、忠于自己的组织、对工作尽心尽力；勤勉努力是指勤劳不懈，努力地完成任务；冲动控制是指员工控制自己情绪的一种能力。

黄文述（2006）在前人的研究基础上，结合中国实际背景，将责任感划分为尽职守德、团结助人、勤勉努力、成就追求四个维度。其中，团结助人是指员工在工作过程中团结和帮助他人；成就追求指的是员工在获得成就的过程中，所进行的一系列思考和学习能力。

③五维度

Robertstal（2004）将责任感划分为条理性、勤勉努力、可靠性、决断力和冲动控制五个维度。其中，可靠性是指员工对于组织可以信赖的依靠；决断力是指员工对于组织发生发展的分析、判断及处理的能力。

④六维度

Costa 等（1992）将责任感划分为成就追求、竞争性、尽职尽责、条理性、自律性和深思熟虑六个维度。其中，竞争性指的是员工通过相互之间的比较，进而提高自己超越对方；自律性是指员工自觉遵守规章制度。Hough 等（2001）则将责任感划分为成就、可依赖性、冲动控制、条理、道德观念、坚持六个维度。Brent（2005）将责任感划分为勤勉努力、条理性、自控型、尽职尽责、传统和德行六个维度。其中传统指员工继承了从组织传下来的思想、文化、道德、风俗、制度以及行为方式等。

表 2-17 是笔者根据已有文献总结的学者对责任感维度的划分。

(2) 责任感测量

Crangdall（1965）根据学生的学业成果开发了责任感问卷，简称 IAR，该问卷用于测量学生对于学业成功或失败的体验和自我控制与责任感的关系。经 Vincenzi（1978）的研究证实，该量表具有较好的信效度。见表 2-17。

表 2-17 责任感维度划分

责任感维度划分			学者
责任感的维度	二维	成就感、可依赖感	Mount 和 Barrick（1995）
		义务感、追求成就	Moon（2000）
	四维	尽职、可依赖性、坚持、成就取向	Barrick 等（1993）
		工作努力、条理、一致、自控	Hogan 等（1997）
		条理、勤勉、尽职、决断	Saucierang（1999）
		条理、尽职尽责、勤勉努力、冲动控制	Peabody（2002）
		尽职守德、团结助人、勤勉努力、成就追求	黄文述（2006）
	五维	条理性、勤勉努力、可靠性、决断力、冲动控制	Robert 等（2004）
	六维	成就追求、竞争性、尽职尽责、条理性、自律性、深思熟虑	Costa 等（1992）
		成就、可依赖性、冲动控制、条理、道德观念、坚持	Hough 等（2001）
		勤勉努力、条理性、自控型、尽职尽责、传统、德行	Brent（2005）

资料来源：笔者根据相关资料整理。

Costa（1992）开发的 NEO—PI—R 量表，由五个分量表组成，每个分量表包括六个维度，采用五级评分法，共计 255 个题项。万景霞（2008）翻译了 Costa（1992）的量表，并结合中国实际对量表的题项进行删减和改编，保留了 50 个题项，新的量表具有良好的信效度。

Morrison 和 Phelps（1999）根据员工行为对组织的影响开发了责任感问卷，该问卷共包含 5 个题项。Fuller（2006）在研究中对该量表进行了验证，结果显示该量表的 KMO 值达为 0.78，具有较高的信度。

熊英（2010）选取黄文述（2006）对责任感维度的划分编制了量表，该量表共有 12 个项目，采用六点评分法，研究结果显示，该量表具有良好的信度和效度。而马冰（2010）开发的知识型员工责任感量表，从最初的 60 个题项，删减到 20 个题项并进行检验，检验结果表明，该量表的 KMO 值达到 0.73，因子方差累计贡献率为 73.485%，证明该量表具有良好的信效度。

关于责任感维度的划分，学术界现在并没有统一标准，因此，针对责任感设计的问卷也是种类繁多，但是考虑到复杂的问卷会使得被试者产生不适和厌恶答题的感觉，本书在选取问卷过程中，会将这一点纳入考量的范围。

3. 责任感的前因变量

Hackman（1975）的研究认为，工作自主性与员工责任感存在正相关关系。员工工作自主性越强，所面对组织硬性的规定则越少，根据 Organ（1988）对责任感的定义，员工自觉的行为越多，责任感就越强。

Barrick 等（1993）、Henry 等（2001）、Cramer（1993）认为，员工婚姻状况与员工责任感存在正相关关系：已婚员工相比未婚员工而言，出于对家庭的考虑，在工作中则体现出更多成就追求的取向，进而更加尽职尽责、勤勉努力。Cramer（1993）还认为，员工社会经济地位与员工责任感也存在正相关关系：社会经济地位越高的员工，所肩负的责任就越大，转化的责任感就越多。

Geoge（2002）在研究中指出，工作环境对员工责任感具有影响作用：在同事支持度和自治程度较高的工作环境下，员工具有较高的责任感，也更容易有较好的工作表现。熊英（2007）的研究结果表明，除同事支持度外，组织支持感对员工责任感也具有显著正向影响。

表2－18是笔者根据已有文献总结的影响责任感的前因变量。

表2－18 责任感与前因变量关系研究结论

前因变量	相关性	研究者
工作自主性	正相关	Hackman（1975）
婚姻状况	正相关	Barrick 等（1993）、Henry 等（2001）、Cramer（1993）
社会经济地位	正相关	Cramer（1993）
同事支持度、自治程度	正相关	Geoge（2002）
组织支持感	正相关	熊英（2007）

资料来源：笔者根据相关资料整理。

4. 责任感的结果变量

关于员工责任感的研究主要围绕在它与其他结果变量的关系上，尤其是组织效果变量如员工绩效等。同时在创造性、工作熟练程度、工作表现、组织承诺等方面也有所研究（程美斌，2013）。

Wiener（1982）的研究表明，员工对组织承诺的根本原因在于信任和责任感。凌文铨等（2000）认为，在组织承诺的五因素模型中，规范承诺指的是员工对待企业的态度和行为，规范承诺要求员工遵守职业道德、对组织履行自己的责任和义务。这表明员工的责任感正向影响组织承诺。

Goldberg（1990）的研究结果表明，责任感与员工的创造性之间存在负相关关系：高责任感的员工相比低责任感的员工而言，会把公司的利益放在第一位，在严格遵守公司的规章制度的同时，会变得更加循规蹈矩、墨守成规，从而降低自身的创造性。

Campbell（1991）的研究表明，责任感与工作目标之间存在正相关关系。高责任感的员工能够更好、更快地完成自己的目标。

Barrick 等（1993）认为，在高自主的工作环境下，高责任感的员工会比低责任感的员工有更好的工作表现。Geoge（2001）的研究结果也证实了这一观点：在低自治程度环境下，员工责任感负向影响工作表现；在高同事支持度环境下，员工责任感正向影响员工工作表现。Zientara（2015）的研究则表明，高责任感的员工具有良好的工作态度。

Dunn 等（1995）和 Barrick（1991）认为，责任感与工作熟练度之间存在显著正相关关系：高责任感的员工会比低责任感的员工更加努力工作并提升自己的技能，以此提高自身的工作熟练度。

Hough 等（2001）、Li（2015）的研究表明，员工责任感与员工绩效有关：自主程度低的工作，员工责任感与员工绩效存在负相关关系。Barry（1997）的研究表明，责任感得分的方差与团队绩效负相关。

赵国祥等（2004）认为，管理者的责任感与人际促进有关，其效果比任务绩效和工作奉献对人际促进的影响程度高。

Carnahan（2015）的研究表明，员工责任感和离职倾向有关，责任感越高的员工，越不易形成离职倾向。

表 2-19 是笔者根据已有文献总结的责任感的结果变量。

表 2-19 责任感与结果变量关系研究结论

结果变量	相关性	研究者
组织承诺	正相关	Wiener（1982） 凌文铨等（2000）
创造性	负相关	Goldberg（1990）
工作目标	正相关	Campbell（1991）
工作表现	正相关 负相关（低自治程度） 正相关（高支持度）	Barrick 等（1993） Geoge（2001）
工作态度	正相关	Zientara（2015）
工作熟练度	正相关	Dunn 等（1995） Barrick（1991）
员工绩效	负相关（自主度低）	Hough 等（2001）、Li（2015）
团队绩效	负相关	Barry（1997）
人际促进	正相关	赵国祥等（2004）
离职倾向	负相关	Carnahan（2015）

资料来源：笔者根据相关资料整理。

5. 责任感的调节作用

学者对责任感的研究，主要集中在责任感与组织效果变量两者关系的研究上。三者关系的研究则往往把责任感当做中介变量处理（宋琳婷，2012；李慧敏，2013；程美斌，2013 等），而把责任感当做调节变量的文献不多。

蒋玮静（2010）的研究表明，责任感在员工的反馈情感与反馈性质、反馈内容、反馈方式之间存在调节关系。具体表现为：与低责任感水平的员工相比，高责任感水平的员工，反馈性质、反馈内容、反馈方式与员工对反馈的情感反应的关系更加密切。

学术界关于威权领导、责任感、员工沉默行为之间的研究还处于起步阶段。根据现有对责任感的维度划分，我们知道，责任感包含尽职尽责、冲动控制等方面。基于此，当员工面对威权领导而产生员工沉默行为时，高责任感员工就会因为尽职尽责而继续针砭时弊；会因为冲动控制而延长产生员工沉默行为的时间。因此我们有理由相信，责任感在员工沉默行为和员工绩效之间存在调节作用。

6. 小结

对责任感的研究起始于西方学者对人格的研究，Goldberg（1990）将责任感纳入五大人格特质分类中而被学者广泛关注。责任感的产生源于对责任的认知，进而产生责任情感，三者之间相互作用，为员工提供认真负责的动力。尽管不同的学者对于责任感定义的角度不同，但是无可置疑，责任感是一种正向的人格特质、优秀的品质，这种人格特质由于每个员工的忍耐力、思维方式、情感表达不同，得以将不同的员工加以区别。

对责任感的研究，国外学者更多地把责任感归为个体人格特质的重要组成部分，而国内学者则更多地从道德、心理品质对责任感进行研究，被试人群也是来自各个行业，譬如学生、教师、医生等，具有群体差异性。学术界目前尚没有对责任感统一的维度以及量表，学者们对于责任感维度的划分普遍集中在二维说、四维说、五维说和六维说。

基于员工沉默行为是一个由心理变化所导致的行为，本书加入责任感这个变量，来探讨威权领导、责任感、员工沉默行为三者之间的关系。由于本书涉及员工对组织的责任感，且用于研究员工的行为，因此选用Morrison和Phelps（1999）对责任感的定义，认为责任感是员工在所在企业中承担责任和义务的高度自觉。在实际测量中，采用Morrison和Phelps（1999）所开发的5题项量表，该量表具有良好的信度（Fuller，2006）。同时，出于弱化被试者答题的疲惫感考虑，将责任感当做整体变量进行测量。本书将对责任感在威权领导和员工沉默行为之间的调节作用进行实证研究，并以此为基础，探究责任感在威权领导和员工绩效关系之间是否具有调节性的中介作用。

第三章 理论模型和假设

学术研究中对选题相关文献的阅读和梳理是必要的。通过对文献的梳理可以充分认识到已有研究的现状和不足,明确研究的探索方向。同时,阅读文献会缩小研究的风险,为研究找到扎实的理论基础和研究工具,而不必一切从头做起(Neumann,2008)。

本书通过对所选变量文献的阅读和梳理,对各变量之间的关系进行深入的探讨,分析了当前研究的不足之处,并结合前人的理论推演,构建了以威权领导、员工沉默行为、员工绩效、组织政治知觉、责任感为主的理论模型,提出了研究假设。

第一节 现有研究的不足

本书以梳理所选变量的含义演化、维度划分与测量、因果变量的实证研究为基础,进而对威权领导、员工沉默行为、员工绩效、组织政治知觉、责任感概念之间的关系进行研究。在此过程中我们发现,目前学术界对这些变量关系的研究仍存在一定的不足。

1. 威权领导作为独立领导风格的研究不足

郑伯埙(2000)提出的家长式领导三元模型,将威权领导当作其中一个维度纳入。后经证实,家长式领导广泛地存在于台湾的家族企业中。学者对家长式领导的后续研究,证实家长式领导也存在于台湾地区和大陆的其他行业中(张德伟,2001;蔡居隆,2001;许逸华,2005;周浩,2006等)。

然而，家长式领导的三个维度之间相互存在着抵制的关系，不可能同时出现在一位领导的身上（郑伯埙，2000）。在实际的测量中，仁慈领导和德行领导维度也常常会干扰威权领导对变量的影响（李超平，2007；郑伯埙，2010）。有学者研究表明，当领导和下属之间并未建立起成熟的关系时，例如"领导—成员"交换关系等，那么，领导对于下属的影响仅仅来自威权（Graen，1987）。

因此，在这种高权力距离的文化背景下，将威权领导作为一种独立的领导风格进行研究是有理论和现实意义的。

2. 威权领导与员工绩效关系的结论相互矛盾

在目前的研究中，威权领导与员工绩效关系的结论分为三类：威权领导与员工绩效正相关（邱木坤，2008 等）、威权领导与员工绩效负相关（张德伟，2001 等）、威权领导与员工绩效无相关性（鞠芳辉，2007 等）。之所以研究结果相互矛盾，主要原因有三个：第一，如上文所言，家长式领导的三个维度在实际测量中会相互干扰，故此在家长式领导三元模型中，威权领导对员工绩效的影响结果必然存在差异性。第二，传统的威权领导所关注的是对员工"人"的控制，而新的威权领导含义则是强调对员工"行为""结果"的控制。后者相对于前者而言，直接作用于员工绩效上，因此结果存在差异。第三，新的威权领导剔除了含义中原有的负面解析，包括"专权作风""贬抑员工能力"等维度，这使得威权领导的含义偏于中性，会减弱威权领导和一些结果变量的负向关系，使得测量结果不显著。

本书认为：在"高权力距离"以"人际关系"为主的环境下，威权领导对员工控制的程度要远远大于对结果的控制，同时，威权领导会根据下属的特点施展不同的驭下之术。因此，本书赞同郑伯埙（2000）的观点，将威权领导划分为威服、专权、隐匿、严峻和教诲五个维度。

3. 缺乏威权领导与员工沉默行为关系中调节作用机制研究

随着对员工沉默行为研究的深入，学者们逐渐意识到威权领导是产生员工沉默行为的主要原因（Morrison 和 Milliken，2000）。在威权领导与员工沉默行为的研究中，也往往将两者之间诸如"组织支持感"（康乐乐，2012）、"组织自尊"（蔡崇，2013）、"心理授权"（俞萍，2014）等变量的中介路径作为研究重点。而社会交换理论（Norm of Reciprocity theory）和资源保存理论（Conservation of Resources theory）则赋予了威权领导与员工沉默行为之间关系新的解释力。

社会交换理论由 Blau（1964）提出。Blau 认为，人们对一段关系好坏的评价取决于他们在这段关系中对付出与收获程度的感知。社会交换理论认为，人们通过三个方面对人际关系的质量进行评估：第一，维持这段关系所花费的成本；第二，从这段关系中获得的利益；第三，建立更深层次关系的可能性。Blau 将前两点总结为经济交换，是以计算利益得失为基础的交换行为；而将第三点总结为社会交换，是以信任为基础，不会考虑眼前的利益得失，更多的是预期对方在未来给予回报。

资源保存理论由 Hobfoll（1989）提出。Hobfoll 认为，人们总是在积极地获取和保护他们认为宝贵的资源，一旦这些资源面临损失的风险，则会让他们产生威胁感。这种宝贵的资源可以分为四个类型：物质性资源、条件性资源、人格特质性资源、能源性资源。

因此，根据资源保存理论和社会交换理论的定义，我们认为，员工在工作中面对威权领导时会出现两种心理的变化：一方面，通过计算利益得失情况，来衡量是否采用、如何采用沉默行为来保护自己的利益；另一方面，员工天生的特质如"善良""信任""义务"等因素会影响员工的社会交换层面，抑制员工产生对组织有害的行为。

因此，本书认为，在威权领导和员工沉默行为关系中，员工的性格、知觉、态度等变量会对两者的关系起到调节作用。

4. 缺乏对员工沉默行为中介效应的调节作用机制研究

郑晓涛（2006）开发出中国情景下员工沉默行为量表，引起了我国学者对员工沉默行为的关注。早期的研究围绕员工沉默行为与自变量、结果变量关系的探索进行（郑晓涛，2006 等）。随后，学者的研究方向开始转至对员工沉默行为中介机制的探索（贾真，2014 等）。而社会交互理论（interactionism theory）、组织拟人化思想则赋予了员工沉默行为中介作用新的解释力。

社会交互理论认为,人与环境之间属于动态、互为因果关系。个体可以通过行为对所处环境造成影响,同时环境也可以影响一个人的行为。Snyder 和 Ickes (1985) 认为,两者之间的交互作用通过三种方式进行:第一,人们根据感知对环境做出反应;第二,人们会选择自己所喜好的环境 (Ickes 和 others, 1997);第三,人们以自己喜好的环境为参考,改造和创造现有环境。景保峰 (2012) 据此进行推论,认为个体因素与情景因素的交互作用可能共同影响员工个体的行为和表现,并用公式 R = f (P, S) 来表示,其中,R 代表个体的行为反应,P 指的是个性特质,S 指的是领导情境 (Cattell, 1979)。

组织拟人化思想由 Levinson (1965) 提出,Levinson 认为,组织中的员工常常把组织拟化成一个人的形象,并为其赋予人格特质,这种被赋予的人格特质则来自员工上层领导的自身特征。宗文等 (2010) 的研究结果表明,员工常常把领导当做组织的代言人,将领导的行为视为组织的意愿,将领导的态度视为组织的态度和氛围。

因此,根据组织拟人化思想的研究,我们认为在现实生活中,当员工面对威权领导时,会认为整个组织充斥着威权领导的气氛,故此产生员工沉默行为进而影响员工绩效。在此过程中,根据社会交互理论,员工个人的特质和品质也会通过增强或减弱员工沉默行为,进而对组织的沉默氛围造成影响。

因此,本书认为,在威权领导、员工沉默行为、员工绩效这一模型中,员工的组织政治知觉和责任感作为员工的特质和品质,会通过对员工沉默行为所产生的影响,共同作用于员工绩效。

第二节 初期框架的探索性研究

本书根据国内外已有文献对领导风格、员工行为、行为结果之间关系的研究,提出了本书初期模型的主效应,如图 3-1 所示。本书认为,威权领导通过威服、专权、隐匿、严峻和教诲的方式,强化员工沉默行为,进而降低员工绩效。因此,员工沉默行为在威权领导和员工绩效之间具有中介效应。

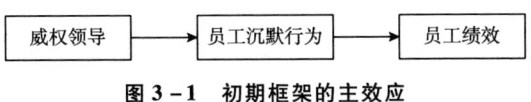

图 3-1 初期框架的主效应

在对组织政治知觉文献的梳理过程中，我们发现，员工与上司的关系（Ferris 等，1992）、组织的集权化（Valle 等，2000）、工作自主性（Valle 等，2000）等因素都会对员工的组织政治知觉产生影响，而威权领导与这三个变量之间也都存在一定的关系。同时，康晓然（2012）的研究结果则表明，组织政治知觉对员工沉默行为起到促进作用。基于此，本书认为，组织政治知觉作为调节变量，应该存在于威权领导和员工沉默行为之间，而并非员工沉默行为和员工绩效之间。

在对责任感文献的梳理过程中，我们发现，将责任感作为调节变量的研究着实不多，已有文献通常是对责任感作为中介变量效应的研究。虽然 Lepine 和 Dyne（2001）的研究结果表明，责任感会对员工沉默行为产生影响，但是蒋玮静（2010）在中国文化背景下的研究则认为，责任感在员工的反馈情感与反馈性质、反馈内容、反馈方式之间存在调节关系。由于员工沉默行为的一部分在于避免对负面信息的反馈，由此我们猜测，责任感应该在员工沉默行为发生后起到调节作用。同时，结合 Hough 等（2001）提出的"自主性较低的情况下，责任感负向影响员工绩效"的结论，本书认为，责任感作为调节变量，应该存在于员工沉默行为和员工绩效之间。因此，提出了以威权领导、员工沉默行为、员工绩效、组织政治知觉、责任感五个变量构造的理论框架，如图 3-2 所示。

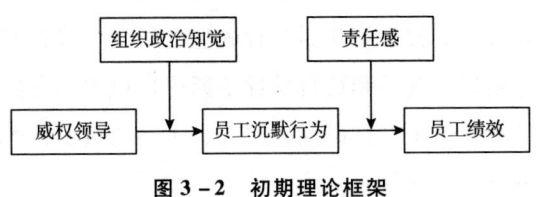

图 3-2 初期理论框架

由于当前大多数研究是在西方组织背景下进行的，而组织政治知觉、员工沉默行为等变量也是西方学者以其工作场景为基础提出的，因此，在中国情景下变量的定义和变量之间的关系是否成立还有待考察。同时，责任感作为员工沉默行为和员工绩效间调节变量的证据还不够充分。因此，为了了解中国组织中各变量间的关系和对初期理论框架的验证，本书首先进行了探索性研究。

1. 探索性研究的目的

风笑天（2009）认为，探索性研究的作用在于初步了解研究所关注的现象和问题，并为正式调研提供基础和方向。探索性研究作为一种先导性的研究，可以更清晰地界定研究中所关注的问题，并进一步对提出的理论模型进行修正和完善。因此，本书使用探索性研究来解决以下两个问题。

（1）调研对象对模型中各变量含义的理解

本书选取了威权领导、员工沉默行为、员工绩效、组织政治知觉、责任感五个学术性的专业词汇，除了员工绩效和责任感以外，其他的概念过于抽象，可能会对不同文化程度的员工造成概念理解的偏差，进而影响下一步的问卷调研工作。因此，笔者通过深度访谈，了解到不同职业背景员工对威权领导等变量的理解程度，以及这些构念是否真实地存在于中国的企业中。

（2）检验和修正初期理论框架

本书通过对所选取变量研究文献的整理，在理论上构建了以威权领导、员工沉默行为、员工绩效为主的研究模型。然而，通过社会交互理论，我们知道，行为和结果的产生是以员工个人和环境相互作用为基础的。那么在现实生活中，不同的组织环境是否对员工行为产生相同的影响还有待考察。同时，威权领导作为一种独立的领导方式在学术研究中还不是很普遍，在控制仁慈领导和德行领导下所得出威权领导的结论是否与独立后的威权领导相符合也有待研究。因此，本书通过定性的深度访谈，对初期理论框架进行检验和修正。

2. 探索性研究的方法

本书的探索性研究采用半结构式访谈方式，这种方式是现有研究中学者所广泛使用的（陈晓萍，2008）。半结构式访谈需要学者与被访者进行深入交流，学者通过提问的方法，让被试者描述在企业现实情况中变量之间的因果关系。此种访谈方式的优点在于所需样本量较小、研究过程中控制程度较低，但是对变量间因果关系的推论不够严谨。樊景立（2012）认为，半结构式访谈可以为所研究的现象提供丰富的描述，作为其他研究手段的补充。

为了获取真实的信息和增强半结构式访谈的效果，研究者在访谈前对容易影响访谈的因素进行了控制。

第一，确保与访谈对象单独相处。在访谈前，对被访者解释此番访谈的目的，并强调访谈的内容仅供学术研究使用，访谈的内容不记名且予以保密，在访谈过程中不录音，以此来降低被访者的顾虑。

第二，正式访谈前，首先为被访者详细解释各变量的概念，让被访者对各变量有初步印象，并逐渐使问题深入和具体化，挖掘被访者对变量及变量间关系的理解，待被访者理解本书模型建构后，引导被访者回忆组织中发生的具体事件，并让其对该事件进行评论，分析产生这种情况的原因。研究者通过记录来搜集各变量之间关系的现实证据。

第三，在正式访谈前，将威权领导、组织政治知觉、员工沉默行为、责任感、员工绩效等学术性词汇用通俗易懂的语句向被访者进行解释；在正式访谈过程中，尽量避免运用"正相关""中介效应""调节效应"对变量间的关系进行描述，并尽量避免使用生僻、具有歧义的词语误导被访者。

3. 探索性研究的对象

为了确保能够获得真实、有价值的第一手访谈资料，验证初期理论框架的合理性，本书综合考虑到被试者年龄段、学历、工作年限、所属行业等人口统计学变量，以此来避免同质化偏差对结论带来的影响。

笔者最终选取了长春地区的10个人作为访谈对象，这10个人均来自不同的企业，包含了基层员工、中层管理者、高层管理者，整个访谈过程共用6天时间，被访者的基本信息如表3-1所示。

表 3-1　被访者基本信息

编号	性别	企业性质	所属行业	从事职业	岗位类别	工作年限（年）
A	男	合资	零售	人力资源	中层管理者	14
B	女	国企	教育	培训讲师	中层管理者	24
C	男	国企	电力	咨询顾问	高层管理者	16
D	男	民营	制造	技术人员	基层员工	5
E	男	国企	医疗	主治医师	中层管理者	30
F	女	国企	教育	行政管理	中层管理者	13
G	男	合资	零售	销售人员	基层员工	6
H	女	民营	医疗	主治医师	中层管理者	11
I	男	国企	通信	咨询顾问	高层管理者	18
J	女	民营	制造	销售人员	基层员工	3

资料来源：笔者根据相关资料整理。

通过表 3-1，我们可以发现，被访者最长工作年限为 30 年，最短工作年限为 3 年。基层员工的工作年限均小于 6 年，而中层管理者和高层管理者的工作年限基本为 10 年以上。在 10 位被访者中，来自国有企业 5 人、合资企业 2 人、民营企业 3 人，涵盖了不同的企业类型，在一定程度上可以代表不同所有制企业的特点。而在实际访谈中，中层管理者和高层管理者由于对自身、领导、同事之间关系的理解比较深入，因此，对威权领导、员工沉默行为等变量关系的表述较为详尽，所提供的访谈内容具有一定的参考价值。

4. 探索性研究的结果分析

本书半结构化的访谈提纲以初期理论框架为基础，共计 14 个问题（见附录 1），主要内容包括：威权领导对员工沉默行为的影响、威权领导对员工绩效的影响、员工沉默行为对员工绩效的影响、不同组织政治知觉员工在工作中的表现差异、责任感在工作中对员工的影响模式。

鉴于学术界对威权领导和员工绩效关系研究的结论相异，以及责任感在员工沉默行为与员工绩效之间起调节作用的证据不足，笔者在访谈时对这两点进行了着重的关注，并与被访者针对这两个问题机制的形成进行了探讨。经过讨论，被访者普遍认为：第一，以员工工作结果为控制对象的威权领导会促进员工绩效，而以员工本人为控制对象的威权领导会抑制员工绩效，而在我国国有企业中，以员工本人为控制对象的威权领导偏多；第二，责任感在员工沉默行为和员工绩效之间的调节作用有限。访谈结果汇总如下。

（1）验证了威权领导对员工沉默行为及其维度的影响可能存在

在访谈过程中，被访者 A 对威权领导的现实行为举例包括"领导想做什么就做什么""领导随意安排别人的职务"；被访者 B、C、F 认为，威权领导开会时搞"一言堂"，常常打断与其思路不符的发言；被访者 G、J 认为，威权领导常常为其工作制定难以完成的目标，未达到其预期则会被训斥、扣奖金；被访者 E、H 认为，威权领导常常会借机贬低他们，否定他们的贡献来提高自身的魅力；被访者 I 认为，威权领导时常会对其工作进行干预，哪怕有些干预是错误的，并常常乐此不疲。而被访者在面对领导的这些行为时，出于领导权力的威慑、与领导的关系、保护自身利益等多种因素的考量，则以不说话、听之任之的态度来对待。他们选择沉默的理由则与郑晓涛（2006）提出的默许性沉默、防御性沉默、漠视性沉默三个维度相似。

（2）验证了威权领导对员工绩效的影响可能存在

基于对已有文献的研究，笔者在访谈时询问了被访者所遇威权领导的控制类型。其中，被访谈者 A、B、C、E、F、I 认为，威权领导注重对员工个人的控制，他们认为在现实工作中，领导更重视的是下属对其的服从，而在下属任命的过程中，则更偏向于和他关系好、听从命令的下属，员工由于被控制情绪低落和不安，个别员工会出现报复行为，例如"不好好工作"和"离职"，对员工绩效造成很大影响；被访者 D、G、H、J 认为，威权领导注重对员工个人控制的同时，还会对他们的工作成果进行严格监控，未完成任务的职员会受到严厉的斥责和扣除奖金的惩罚，虽然被控制的员工由于受到压迫感而努力工作，按时完成任务，但会增加他们的疲惫感，缩减他们社交和经营人际关系的行为。

（3）验证了员工沉默行为对员工绩效的影响可能存在

所有的访谈者都认为，当发生员工沉默行为时，会对自己工作造成负面的影响。被访者 A、G 认为，他们只能在背地里发牢骚，情绪越来越悲观，无论领导如何决定均听之任之，出现错误也不关他们的事；被访者B、C、E、F、I认为，他们的工作就是服从安排，领导有自己的想法，不求有功但求无过是明哲保身最好的办法；被访者D、H、J认为，既然改变不了组织的环境，努力挣钱则成为最主要的目的，至于组织将来的发展、所面临的困境则与他们无关。

（4）验证了组织政治知觉在威权领导和员工沉默行为之间的调节作用可能成立

被访者A、B、E、F、H是不同企业的中层管理者。他们认为，在面对威权领导时，出于对自己利益的保护，他们会更加顺从领导的观点；被访谈者C、I是高层管理者，他们则对领导的喜好、行事作风更为了解，当领导出现集权的趋势后，他们便开始保留自己的观点，在保持沉默的同时配合领导工作；被访谈者C认为，企业中存在一些"小人"，即品德有所缺失的人，他们时刻围着领导转，第一个拥护领导决策，打击反对领导的声音，报喜不报忧，为了满足自己的需求而不惜损害他人的利益。

（5）责任感的调节作用可能存在于威权领导和员工沉默行为之间

笔者在初期理论框架中认为，责任感在员工沉默行为和员工绩效之间存在调节作用，并在访谈中提出"您认为，如果提高员工的责任感，能否减少员工沉默行为对其员工绩效影响？"的问题与被访者进行讨论。被访谈者B和C对该问题提出了质疑。他们认为，在现实企业中，员工沉默行为的产生在于威权领导的专制和对员工的忽视，员工之所以变得沉默，已经是情绪耗竭、责任感磨灭的结果，而此时再对员工责任感进行刺激，作用微乎其微。被访谈者B举了个例子，"对一个责任感磨灭的人进行责任激励，就仿佛是对一个已死的人进行电击一样，毫无意义。"因此，被访谈者B提议，可以把责任感作为威权领导和员工沉默行为之间的调节变量，这样的研究更富有实际意义。

基于被访者B的建议，笔者在后续的访谈中，将"您认为，如果提高员工的责任感，能否减少员工沉默行为对员工绩效的影响？"这个问题更改为"您认为，什么样的员工在面对威权领导时，不容易产生沉默行为？"和"您认为，如果提高员工的责任感，能否减少威权领导对员工沉默行为的影响？"后被访者则再无异议提出，而对"您认为，什么样的员工在面对威权领导时，不容易产生沉默行为？"这一问题的回答，除被访者 E 的答案为"正直"以外，其他被访者的答案普遍集中在责任感、责任心上。

第三节　研究模型的修正

针对已有研究的不足，并结合深度访谈的结果，笔者将初期理论框架进行了修改，最终确定了研究的具体方向。

（1）威权领导、员工沉默行为、员工绩效三者之间的作用机理

在组织行为学研究领域，与工作相关的心理感知和行为变量常常能较好地揭示自变量和结果变量之间的内在关联。本书选择员工沉默行为来解释威权领导对员工绩效的作用机制，即威权领导通过专权、威服等方式，诱发员工沉默行为的产生，并最终给员工绩效带来负面的影响。

本书认为，威权领导会从三个方面对员工绩效产生影响：第一，威权领导直接对员工绩效产生影响（王锦堂，2002 等）；第二，威权领导通过员工沉默行为间接对员工绩效产生影响（贾真，2014）；第三，以混合效应产生影响，即威权领导通过直接和间接效应两条路径对员工绩效产生影响。

（2）威权领导对员工沉默行为的权变因素探索

本书通过对文献的梳理，并以 Hobfoll（1989）提出的资源保存理论为理论基础，得出结论：组织政治知觉在威权领导和员工沉默行为之间存在调节作用，出于维护和保存自身利益的目的，组织政治知觉越高的员工，在面对威权领导时，越容易产生员工沉默行为。

基于对责任感变量调节作用的推论，并结合对不同企业员工的深度访谈，本书认为：责任感的基础在于员工对组织的信任，员工因为这份信任而尽职尽责、勤勉努力地工作。虽然面对威权领导时，自身的利益会受到一定的损害，但是基于组织会在未来某一时间对他们工作的努力给予他们回报嘉奖的预期，责任感强的员工依旧会努力工作。因此，责任感越强的员工，面对威权领导时越难产生员工沉默行为，这也与社会交换理论的定义相符。

(3) 组织政治知觉与责任感对研究模型主效应影响机制的探索

根据对已有研究的整理,我们发现,当威权领导作为家长式领导的一个维度时,员工沉默行为会在其与员工绩效之间存在中介作用,即威权领导通过对员工产生员工沉默行为进而对员工绩效造成影响。那么,如果组织政治知觉和责任感的调节作用成立,这两个变量就会通过对员工沉默行为的影响最终作用于员工绩效,而员工沉默行为在威权领导和员工绩效之间的中介作用,就会受到组织政治知觉和责任感的调节效应的影响。

通过上述理论推演,并结合初期探索性研究的结论,本书对初期理论模型进行了一定程度的修正。同时根据员工沉默行为产生的原因,将其划分为默许性沉默、防御性沉默、漠视性沉默三个维度;将员工绩效划分为任务绩效和周边绩效。正式研究模型如图3-3所示。

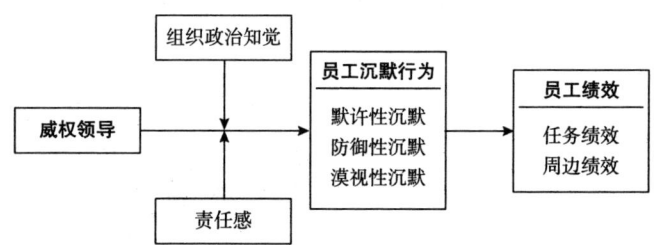

图3-3 威权领导、员工沉默行为、员工绩效关系理论模型

第四节 研究假设

假设是对两个或两个以上变量关系的尝试性说明。在如图3-3所示的理论框架下,本书提出以下几组假设。

1. 威权领导对员工绩效的影响

领导是一种影响力,企业之间绩效的差异有20%~45%来源于领导对绩效的影响(衣宏涛,2012)。而威权领导作为一种命令性、独裁性的领导行为,广泛地存在于华人组织中。

郑伯埙(2000)在Slln(1976)、Redding(1990)等学者研究基础上,提出了家长式领导的概念,而威权领导作为其中的一个维度受到学者的格外关注。后续学者的研究则围绕着威权领导与不同变量的关系展开。在威权领导与员工绩效关系的研究中，不同学者基于威权领导所控制对象的不同，得出了相异的结论：王锦堂（2002）等学者认为威权领导注重对员工的控制，因此会负向影响员工绩效；杨国亮（2012）等学者则认为威权领导注重对工作结果控制，因此正向影响员工绩效；鞠芳辉（2007）等学者则认为威权领导和员工绩效之间关系不明显是源于威权领导在测量时受到仁慈领导和德行领导维度的影响。

本书认为，中国管理者与员工之间具有较高的"上下级关系"和"权力距离"，在这一背景下，威权领导一方面通过对员工个人的控制来达到权力集中的目的，另一方面通过对员工工作流程、结果的控制来要求高的产出。因此，本书采用郑伯埙（2000）的观点，将威权领导划分为威服、专权、隐匿、严峻和教诲五个维度。

关于员工绩效维度的划分，本书采用王辉等（2003）的观点，将员工绩效划分为任务绩效和周边绩效。其中，任务绩效是指为核心活动所做直接行为；周边绩效也称作关系绩效，是为了完成任务进行沟通而起润滑作用的行为。

基于以上分析，本书将对威权领导和员工绩效及其维度之间的关系进行研究，具体假设如下。

H1：威权领导对员工绩效具有显著影响；

H1-1：威权领导对任务绩效具有显著负向影响；

H1-2：威权领导对周边绩效具有显著负向影响。

2. 威权领导对员工沉默行为的影响

虽然沉默行为概念提出的时间较早，但都是源于大众传播学、心理学对其的研究。直到 Dyne 等（2003）对员工沉默行为的范畴加以界定，管理学家才掀起了对员工沉默行为研究的高潮。在这十几年对员工沉默行为的研究中，很少有学者将威权领导与员工沉默行为联系起来。一方面，由于这两个概念提出的时间都较短，两者之间关系的研究还很匮乏；另一方面，由于郑伯埙（2000）将威权领导作为家长式领导的一个维度，研究对象是华人企业，而员工沉默行为由国外学者提出，研究对象首选的是外国企业，这两个概念之间的关系直到近几年才被学者关注。

在以往领导风格与员工沉默行为的研究中，学者认为，开放式的领导风格会促使员工提出有效的建议（Premeaux 和 Bedeian，2003）。领导越注重对员工的关怀，员工沉默行为就越难发生。相反，领导越注重对员工的指导，员工沉默行为就越容易发生（胡兵，2010）。贾真（2014）的研究也表明，在家长式领导的三个维度中，仁慈领导和德行领导与员工沉默行为显著负相关；威权领导则与员工沉默行为显著正相关。

本书认为，当员工面对威权领导时，会基于三种考虑产生沉默行为：第一，被控制的员工不得不同意领导的观点；第二，员工为了保护自己利益而被迫赞同领导；第三，员工因为变得冷漠而不再关心组织的发展。因此，本书采用郑晓涛（2006）的观点，将员工沉默行为划分为默许性沉默、防御性沉默、漠视性沉默三个维度。

综合以上学者的结论，本书将对威权领导与员工沉默行为之间的关系进行研究，具体假设如下。

H2：威权领导对员工沉默行为具有显著影响；

H2-1：威权领导对默许性沉默有显著正向影响；

H2-2：威权领导对防御性沉默有显著正向影响；

H2-3：威权领导对漠视性沉默有显著正向影响。

3. 员工沉默行为对员工绩效的影响

管理学家对员工沉默行为的研究主要集中在 Dyne 等（2003）对员工沉默行为的范畴界定之后。在此之前，学者更多关注的是建言行为对员工和组织的影响。虽然员工建言行为和员工沉默行为并不只是简单的对立关系，但是学者对员工建言行为成果的积累，成为对员工沉默行为研究的基石。

Dundon 等（2004）的研究认为，员工的非建言行为负向影响员工绩效和组织绩效。郑晓涛等（2008）、刘蕾（2009）的研究结果表明，员工沉默行为对员工绩效有负向影响。于桂兰和杨术（2014）则对员工沉默行为和员工绩效各维度之间的关系进行了研究。研究结果表明，默许性沉默、防御性沉默和漠视性沉默对任务绩效和周边绩效均具有负向影响。

综合以上学者的结论，本书针对员工沉默行为与员工绩效之间的关系进行研究，具体假设如下。

H3：员工沉默行为对员工绩效具有显著影响；

H3-1-1：默许性沉默对任务绩效有显著负向影响；

H3-1-2：防御性沉默对任务绩效有显著负向影响；

H3-1-3：漠视性沉默对任务绩效有显著负向影响；

H3-2-1：默许性沉默对周边绩效有显著负向影响；

H3-2-2：防御性沉默对周边绩效有显著负向影响；

H3-2-3：漠视性沉默对周边绩效有显著负向影响。

4. 员工沉默行为在威权领导和员工绩效之间的中介效应

通过整理员工沉默行为的文献，我们发现，由于我国的文化受儒家学派、法家学派影响，君臣观念深入人心，这使得"高权力距离""上下级关系"成为我国文化的重要概念。在这一基础上，领导风格对员工沉默行为的影响在我国会变得尤为突出。于桂兰和杨术（2014）的研究表明，员工沉默在辱虐管理与员工绩效及其相关维度之间均具有中介作用。贾真（2014）的研究表明，员工沉默行为在家长式领导与员工绩效之间起中介作用，而在威权领导维度与员工绩效之间，员工沉默行为的中介效应依然成立。

本书认为，当组织中的员工面对威权领导时，会出现顺从领导、保护自己、漠视组织的一系列沉默行为，进而对员工绩效产生影响。因此，针对员工沉默行为在威权领导和员工绩效之间的中介效应，本书提出具体假设如下。

H4：员工沉默行为在威权领导与员工绩效之间存在中介作用；

H4-1-1：默许性沉默在威权领导与任务绩效之间存在中介作用；

H4-1-2：防御性沉默在威权领导与任务绩效之间存在中介作用；

H4-1-3：漠视性沉默在威权领导与任务绩效之间存在中介作用；

H4-2-1：默许性沉默在威权领导与周边绩效之间存在中介作用；

H4-2-2：防御性沉默在威权领导与周边绩效之间存在中介作用；

H4-2-3：漠视性沉默在威权领导与周边绩效之间存在中介作用。

5. 员工组织政治知觉在威权领导和员工沉默行为之间的调节作用

在前面的研究中我们提到，威权领导作为一种命令性的领导方式，会限制员工的人际关系和谐（王锦堂，2002）、降低组织成员之间的沟通（黄坚生，2002），促使员工沉默行为的产生（康乐乐，2012）。有学者研究表明，组织政治知觉同样会对员工沉默行为产生促进作用：组织政治知觉会降低员工的满意度，诱发漠视性沉默；组织政治知觉会引发员工对工作的焦虑感，增强员工心底的恐惧，诱发防御性沉默；组织政治知觉会使员工觉得无能力改变而变得消极顺从，从而产生默许性沉默（康晓然，2012）。

根据资源保存理论，人们总是在积极地获取和保护他们认为宝贵的资源，一旦这些资源面临损失的风险，则会让人们感觉受到威胁。对于员工来说，威权领导强调专权、隐匿有价值信息，员工得不到来自领导的资源分配，反而由于领导的限制自身利益受损，因此员工出于保护自己等原因而产生沉默行为。而组织政治知觉越高的员工，对利益受损越敏感，越容易更早地出现沉默行为进而降低个人损失。

因此，针对组织政治知觉在威权领导和员工沉默行为之间的调节作用，本书提出具体假设如下。

H5：组织政治知觉在威权领导与员工沉默行为之间起调节作用；

H5-1：员工组织政治知觉越高，威权领导与默许性沉默的正向关系越强；

H5-2：员工组织政治知觉越高，威权领导与防御性沉默的正向关系越强；

H5-3：员工组织政治知觉越高，威权领导与漠视性沉默的正向关系越强。

6. 责任感在威权领导和员工沉默行为之间的调节作用

以往学者对责任感的研究，主要集中在责任感与组织效果变量两者关系的研究上，三者关系的研究则往往把责任感当做中介变量处理（宋琳婷，2012；李慧敏，2013；程美斌，2013 等)，而责任感作为领导风格、员工行为、行为结果之间权变因素的研究还处于起步阶段，这也给本书对责任感作为调节变量的研究带来了困难，使初始模型中责任感在员工沉默行为和员工绩效间的调节作用受到被访者的质疑。

本书通过与被访谈对象的深入讨论，得出初步结论：从理论上讲，当员工沉默行为发生时，责任感作为一种正向品质，会降低员工沉默行为给员工绩效带来的负面影响。但是，员工沉默行为不仅是一种个体行为，也是一种集体行为，更是一种氛围。在这种沉默的氛围中，员工责任感的强弱，对员工绩效的影响微乎其微。而被访谈对象认为，在实际生活中，威权领导之所以导致员工沉默行为发生，其根本原因在于员工对组织的态度有所转变，而责任感在员工态度转变的过程中起到了重要的作用，因此探讨责任感在威权领导和员工沉默行为之间的调节作用更具有实际意义。

根据责任感的定义，尽职、坚持、成就追求等因素是责任感的重要组成部分 (Barrick 等, 1993；黄文述, 2006)。社会交换理论指出，社会交换以信任为基础，员工基于对组织和发展前景的信任，会坚持不懈、尽职尽责地去完成工作，以期待组织在未来某一时刻对他们的勤勉给予回报。故此，当责任感强的员工面对威权领导时，很少会考虑眼前的利益，而是基于对工作、组织的信任，为追求未来的成就而努力工作。责任感越强的员工，对未来的预期越强烈，在面对威权领导时，越不容易发生员工沉默行为。

因此，针对责任感在威权领导和员工沉默行为之间的调节作用，本书提出具体假设如下。

H6：责任感在威权领导与员工沉默行为之间起调节作用；

H6-1：员工责任感越强，威权领导与默许性沉默的正向关系越弱；

H6-2：员工责任感越强，威权领导与防御性沉默的正向关系越弱；

H6-3：员工责任感越强，威权领导与漠视性沉默的正向关系越弱。

7. 组织政治知觉对员工沉默行为的中介效应具有调节作用

刘智强和荆波 (2008)、段利 (2009) 认为，组织政治行为会诱使员工沉默行为的发生，张红丽和冷雪玉 (2015) 的研究表明，组织政治知觉中的一般政治行为知觉、薪酬与晋升知觉与默许性沉默显著正相关；一般政治行为知觉与防御性沉默、漠视性沉默显著正相关；薪酬与晋升知觉与防御性沉默、漠视性沉默没有显著关系。因此，组织政治知觉在调节威权领导与员工沉默行为之间关系的同时，还会对员工沉默行为产生影响。

在假设 H5 中，本书提出，组织政治知觉在威权领导和员工沉默行为之间存在调节作用。如果该假设成立，那么组织政治知觉作为调节变量引入该模型中至少存在三种可能：第一种可能是组织政治知觉的调节效应通过员工沉默行为中介作用影响员工绩效；第二种可能是员工沉默行为在威权领导和员工绩效关系中的中介作用受组织政治知觉调节；第三种则是前面两种可能的综合。

本书认为，第一种可能更为合理，即员工组织政治知觉在强化威权领导对员工沉默行为正向影响的过程中，组织政治知觉首先调节威权领导对员工沉默行为的影响，其次该调节变量通过对员工沉默行为中介效应的调节作用来影响员工绩效。

这是因为，按照社会交换理论中的公平交换原则，人们付出的目的是为了得到报酬。而威权领导作为命令性的领导方式，会剥夺员工的权力、阻碍员工获取有价值的信息，削减员工能获得的利益。员工自然而然地会减少有利于组织的行为，如创新、建言、忠诚等，促使员工沉默行为的发生，最后恶果体现为低的绩效水平。而组织政治知觉的基础是个人利益的最大化，对于组织中政治知觉较高的人，会更早意识到威权领导对其利益的损害，进而停止对组织的付出，来减少自身利益的损失，这也使员工绩效的降低更加明显。因此，按照这一模式，组织政治知觉将调节威权领导与员工沉默行为之间的正向关系，然后该调节变量通过对员工沉默行为中介作用的调节对员工绩效产生影响。

因此，针对组织政治知觉在威权领导与员工绩效之间存在调节性的中介作用，本书提出具体假设如下：

H7：组织政治知觉对员工沉默行为在威权领导与员工绩效关系间的中介效应具有调节作用；

H7-1-1：员工组织政治知觉越高，默许性沉默在威权领导和任务绩效之间的中介效应就越强；

H7-1-2：员工组织政治知觉越高，默许性沉默在威权领导和周边绩效之间的中介效应就越强；

H7-2-1：员工组织政治知觉越高，防御性沉默在威权领导和任务绩效之间的中介效应就越强；

H7-2-2：员工组织政治知觉越高，防御性沉默在威权领导和周边绩效之间的中介效应就越强；

H7-3-1：员工组织政治知觉越高，漠视性沉默在威权领导和任务绩效之间的中介效应就越强；

H7-3-2：员工组织政治知觉越高，漠视性沉默在威权领导和周边绩效之间的中介效应就越强。

8. 责任感对员工沉默行为的中介效应具有调节作用

Lepine 和 Dyne（2001）的研究认为，责任感与员工沉默行为之间存在负相关关系，责任感越弱的员工越容易产生沉默行为。因此，按照 Lepine 和 Dyne 的研究结果，责任感在调节威权领导与员工沉默行为之间关系的同时，还会对员工沉默行为产生影响。

在假设 H6 中，本书提出，员工的责任感在威权领导和员工沉默行为之间存在调节作用。如果该假设成立，那么责任感作为调节变量引入该模型中同样有三种可能：第一种可能是责任感的调节效应通过员工沉默行为中介作用影响员工绩效；第二种可能是员工沉默行为在威权领导和员工绩效关系中的中介作用受责任感调节；第三种则是前面两种可能的综合。

上述的研究表明，当员工面对威权领导时，会出现员工沉默行为，进而降低员工绩效。而按照社会交换理论中的社会交换原则，责任感强的员工由于对工作、组织充满信任，在面对威权领导时，依旧会认真工作，出现员工沉默行为的强度较弱，员工绩效降低不明显。因此，按照这一模式，责任感将调节威权领导与员工沉默行为之间的正向关系，然后该调节变量通过对员工沉默行为中介作用的调节对员工绩效产生影响。

因此，针对责任感在威权领导与员工绩效之间是否有调节性的中介作用，本书提出具体假设如下。

H8：责任感对员工沉默行为在威权领导与员工绩效间的中介效应具

有调节作用;

H8-1-1:员工责任感越强,默许性沉默在威权领导和任务绩效之间的中介效应就越弱;

H8-1-2:员工责任感越强,默许性沉默在威权领导和周边绩效之间的中介效应就越弱;

H8-2-1:员工责任感越强,防御性沉默在威权领导和任务绩效之间的中介效应就越弱;

H8-2-2:员工责任感越强,防御性沉默在威权领导和周边绩效之间的中介效应就越弱;

H8-3-1:员工责任感越强,漠视性沉默在威权领导和任务绩效之间的中介效应就越弱;

H8-3-2:员工责任感越强,漠视性沉默在威权领导和周边绩效之间的中介效应就越弱。

9. 研究假设汇总

综上所述,本书对威权领导、员工沉默行为、员工绩效、组织政治知觉、责任感的关系进行了深入的分析,在回顾已有文献寻求理论支持的同时,根据变量与变量之间的因果关系,以及逻辑推导,提出了以上有待检验的假设。

表3-2是本书提出的所有基本假设的具体内容。

表3-2 本书假设汇总

假设	假设内容
H1	威权领导对员工绩效具有显著影响
H1-1	威权领导对任务绩效具有显著负向影响
H1-2	威权领导对周边绩效具有显著负向影响
H2	威权领导对员工沉默行为具有显著影响
H2-1	威权领导对默许性沉默有显著正向影响
H2-2	威权领导对防御性沉默有显著正向影响
H2-3	威权领导对漠视性沉默有显著正向影响
H3	员工沉默行为对员工绩效具有显著影响

续表

假设	假设内容
H3-1-1	默许性沉默对任务绩效有显著负向影响
H3-1-2	防御性沉默对任务绩效有显著负向影响
H3-1-3	漠视性沉默对任务绩效有显著负向影响
H3-2-1	默许性沉默对周边绩效有显著负向影响
H3-2-2	防御性沉默对周边绩效有显著负向影响
H3-2-3	漠视性沉默对周边绩效有显著负向影响
H4	员工沉默行为在威权领导与员工绩效间之间存在中介作用
H4-1-1	默许性沉默在威权领导与任务绩效之间存在中介作用
H4-1-2	防御性沉默在威权领导与任务绩效之间存在中介作用
H4-1-3	漠视性沉默在威权领导与任务绩效之间存在中介作用
H4-2-1	默许性沉默在威权领导与周边绩效之间存在中介作用
H4-2-2	防御性沉默在威权领导与周边绩效之间存在中介作用
H4-2-3	漠视性沉默在威权领导与周边绩效之间存在中介作用
H5	组织政治知觉在威权领导与员工沉默行为之间起调节作用
H5-1	员工组织政治知觉越高，威权领导与默许性沉默的正向关系越强
H5-2	员工组织政治知觉越高，威权领导与防御性沉默的正向关系越强
H5-3	员工组织政治知觉越高，威权领导与漠视性沉默的正向关系越强
H6	责任感在威权领导与员工沉默行为之间起调节作用
H6-1	员工责任感越强，威权领导与默许性沉默的正向关系越弱
H6-2	员工责任感越强，威权领导与防御性沉默的正向关系越弱
H6-3	员工责任感越强，威权领导与漠视性沉默的正向关系越弱
H7	组织政治知觉对员工沉默行为在威权领导与员工绩效关系间的中介效应具有调节作用
H7-1-1	员工组织政治知觉越高，默许性沉默在威权领导和任务绩效之间的中介效应就越强
H7-1-2	员工组织政治知觉越高，默许性沉默在威权领导和周边绩效之间的中介效应就越强
H7-2-1	员工组织政治知觉越高，防御性沉默在威权领导和任务绩效之间的中介效应就越强
H7-2-2	员工组织政治知觉越高，防御性沉默在威权领导和周边绩效之间的中介效应就越强

续表

假设	假设内容
H7-3-1	员工组织政治知觉越高，漠视性沉默在威权领导和任务绩效之间的中介效应就越强
H7-3-2	员工组织政治知觉越高，漠视性沉默在威权领导和周边绩效之间的中介效应就越强
H8	责任感对员工沉默行为在威权领导与员工绩效间的中介效应具有调节作用
H8-1-1	员工责任感越强，默许性沉默在威权领导和任务绩效之间的中介效应就越弱
H8-1-2	员工责任感越强，默许性沉默在威权领导和周边绩效之间的中介效应就越弱
H8-2-1	员工责任感越强，防御性沉默在威权领导和任务绩效之间的中介效应就越弱
H8-2-2	员工责任感越强，防御性沉默在威权领导和周边绩效之间的中介效应就越弱
H8-3-1	员工责任感越强，漠视性沉默在威权领导和任务绩效之间的中介效应就越弱
H8-3-2	员工责任感越强，漠视性沉默在威权领导和周边绩效之间的中介效应就越弱

第五节　本章小结

本章在对研究变量文献回顾的基础上，基于社会交换理论、社会交互理论、组织拟人化等理论提出了本书的初期理论框架，并通过对10位来自不同企业的受访者进行深度访谈，对初期模型的合理性进行验证和修改，最终形成了以威权领导、员工沉默行为、员工绩效为主效应，组织政治知觉、责任感在威权领导和员工沉默行为间有调节效应的正式模型，并对各效应之间存在的作用机制进行了假设推导，共可细分为43个待检验的假设。

第四章 研究设计与预调研

第一节 变量的操作性定义

为了控制语意差别对问卷有效性的影响，本书借鉴威权领导、员工沉默行为、员工绩效、组织政治知觉的国内成熟量表，并邀请两名人力资源管理研究方向的博士、一名数量经济研究方向的博士、一名汉语言文学方向的博士进行座谈，对语意不一致和有歧义的题项进行讨论；在责任感量表翻译的过程中，采用回译法（Brislin, 1980），由一位人力资源管理研究方向的博士译为中文，再由一位英语专业博士生回译为英文。在此之后，邀请一位人力资源方向及一位汉语言方向资深教授对所选国内量表和翻译后的国外量表题项进行检验，最终确定了初始测量问卷题项。所有题项均采用李克特（Likert）五点量表。

由于本书选取的变量较多，同时存在一些负向的构念，为了避免被试者在填写问卷时过度疲劳、产生抵触的情绪，在选择量表的过程中，尽量选择信效度较高、题项较少的量表编制问卷，以期得到较为真实的回答。

1. 自变量

本书借鉴郑伯埙（2000）等人的研究，将威权领导定义为是一种管理者强调其权威性、严密控制下属，并要求下属绝对服从的领导风格。并将威权领导划分为威服、专权、隐匿、严峻和教诲五个维度。

2. 中介变量

对于员工沉默行为的定义，本书采用郑晓涛（2006）对其的描述：员工的建议虽然可以改善和提高组织的工作，但是出于对某些因素的考量，员工会选择过滤或回避自己的观点，这种行为称为员工沉默行为。本书将员工沉默行为划分为默许性沉默、防御性沉默、漠视性沉默三个维度。

3. 因变量

对于员工绩效的定义，本书采用王辉等（2003）对其的描述：员工绩效由任务绩效和周边绩效构成。其中，任务绩效是指为核心活动所做的直接行为；周边绩效也称作关系绩效，是为了完成任务进行沟通起润滑作用的行为。

4. 调节变量

调节变量1——组织政治知觉

本书借鉴Kacmar和Baron（1999）对组织政治知觉的研究，将组织政治知觉定义为：当个人、群体或组织致力于自我利益最大化而不惜牺牲其他组织成员的利益时，组织内成员会对发生的一系列活动产生主观的评价和感知，这种主观的感受就是员工的组织政治知觉。本书将组织政治知觉划分为一般性政治行为知觉、保持沉默静待好处知觉、政治性薪酬和晋升政策知觉三个维度。

调节变量2——责任感

本文借鉴Morrison和Phelps（1999）对责任感的研究，将责任感定义为一种心理品质，这种品质和人的道德良知密切相关，是对他人、集体、国家所承担道德责任的一种体现，是人格组成的重要部分。

第二节 变量测量量表

根据上文阐述的理论基础和文献综述，本部分将对涉及的变量进行量表的筛选与设计。本书所涉及的五个变量包括威权领导、员工沉默行为、员工绩效、组织政治知觉和责任感，其中，威权领导采用郑伯埙等（2000）编制的量表进行测量；员工沉默行为采用郑晓涛（2006）编制的量表进行测量；员工绩效采用王辉（2002）开发的自评式量表进行测量；组织政治知觉采用瞿娇娇（2014）翻译Kacmar和Carlson（1997）的量表进行测量;责任感采用 Morrison 和 Phelps(1999)开发的企业员工责任感量表进行测量。

1. 威权领导测量量表

本书采用郑伯埙等(2000)编制的三元家长式领导量表中的威权领导子量表。该威权领导量表共包括13个题项,其中包括威服维度3个、专权维度2个、隐匿维度2个、严峻维度3个、教诲维度3个。该量表整体 Cronbach's α 值为 0.901,大于 0.7,这表明该量表具有良好的信度。鞠芳辉(2007)、杨国亮(2012)等学者的后续研究也表明,该量表具有良好的信度和效度,适用于中国背景下的企业。

表4-1是本书所选取威权领导测量量表题项汇总。

表4-1 威权领导测量量表

维度	编号	题项内容
威服	AL1	他要求我完全服从他的领导
	AL2	当我当众反对他时,会遭到冷言讽刺
	AL3	他心目中的模范部属,必须对他言听计从
专权	AL4	本单位内大小事情都由他独自决定
	AL5	开会时,最后的决定都会照他的意思做
隐匿	AL6	他不把重要信息透露给我们
	AL7	他很少让我们察觉到他真正的意图
严峻	AL8	在我们面前,他表现出威严的样子
	AL9	与他一起工作时,他带给我很大的压力
	AL10	他采用严格的管理方法与手段
教诲	AL11	当任务无法达成时,他会斥责我们
	AL12	他强调我们的工作表现一定要超过其他部门/单位
	AL13	他要求遵照原则办事,触犯者会受到严厉的处罚

资料来源:郑伯埙、周丽芳、樊景立(2000):《威权领导子维度量表》。

2. 员工沉默行为测量量表

对于员工沉默行为的测量,本书采用郑晓涛(2006)编制的量表,该量表共计12个题项,并将员工沉默行为划分为三个维度。其中,默许性沉默四个题项,Cronbach's α 值为0.81;防御性沉默四个题项,Cronbach's α 值为0.77;漠视性沉默四个题项,Cronbachs' α 值为0.84,均大于0.7。这表明,三个分量表具有相当高的内部一致性信度。于桂兰和杨术(2014)的研究表明,该量表在测量中具有良好的信度和效度。如表4-2所示。

表4-2 员工沉默行为测量量表

维度	编号	题项内容
默许性沉默	AS1	领导已经基本决定了,我的意见不会起太大作用,所以什么都不说
	AS2	我的建议不会影响现行的状况,所以不发表意见
	AS3	领导采纳我建议的可能性很小,所以不发表意见
	AS4	领导不会更改一些决定,说了没有太大意义,所以保持沉默
防御性沉默	DSa1	由于担心影响同事间的人际关系,所以不发表意见
	DSa2	为了免于成为众矢之的,所以沉默
	DSa3	担心得罪领导和同事,所以不发表意见
	DSa4	我和大家的关系都不错,碍于面子,还是不要提意见为好
漠视性沉默	DSb1	别人的事情和我没有关系,没必要讲
	DSb2	我对企业的事情不关心,无所谓
	DSb3	对于存在的问题,采用中庸之道,少说就没有太多责任
	DSb4	我和企业的感情不深,没必要说

资料来源:郑晓涛(2006)。

3. 员工绩效测量量表

对于员工绩效的测量,本书选取王辉(2002)所开发的自评式量表,该量表将员工绩效划分为两个维度:任务绩效和周边绩效,其中,任务绩效四个题项,周边绩效四个题项。于桂兰和杨术(2014)的研究结果显示,任务绩效四个题项的 Cronbach's α 值为0.853,周边绩效的四个题项 Cronbach's α 值为0.737,均大于0.7。因此,该量表在测量中具有良好的信度。如表4-3所示。

表 4-3　员工绩效测量量表

维度	编号	题项内容
任务绩效	TP1	我可以准确地完成自己的工作目标
	TP2	我总是按时完成分派给我的工作任务
	TP3	我能够高质量地完成工作
	TP4	我对工作时间有较高的利用率
周边绩效	CP1	我愿意留在本部门继续工作
	CP2	我工作格外努力
	CP3	我总是能够主动帮助他人完成工作
	CP4	我经常能够主动承担本职工作以外的其他工作

资料来源：王辉（2006）。

4. 组织政治知觉测量量表

本书采用瞿娇娇（2014）翻译 Kacmar 和 Carlson（1997）的量表，对员工的组织政治知觉进行测量。在该量表中，将组织政治知觉划分为一般性政治行为知觉、保持沉默静待好处知觉、政治性薪酬和晋升政策知觉三个维度，共计 15 个题项。瞿娇娇（2014）的研究表明，该量表整体 Cronbach's α 值为 0.803，大于 0.7，具有良好的信度。如表 4-4 所示（注：R 表示反向计分题项）。

表 4-4　员工组织政治知觉测量量表

维度	编号	题项内容
一般性政治行为知觉	POP1	在我们单位，有人喜欢踩着别人往上爬
	POP2	我们部门中总是有一些惹不起的势力群体
保持沉默静待好处知觉	POP3	我们单位鼓励大家积极建言献策，甚至允许对执行多年的政策规定提出批评和改进意见（R）
	POP4	在我们单位，做事情最好按部就班，不要总想着别出心裁，玩什么新花样
	POP5	要想在我们单位混下去，永远不要去得罪那些有权势的人
	POP6	那种只会对领导点头哈腰的应声虫在我们单位是不受欢迎的；单位鼓励我们大胆提出建设性意见，只要是好的建议，甚至还可以和领导叫板（R）

续表

维度	编号	题项内容
保持沉默静待好处知觉	POP7	有时，跟现有体制较劲不如隐忍顺应省事
	POP8	在我们单位，有时候实话实说不如捡人家爱听的说更实际
	POP9	在我们单位，听听别人的忠告比自己闭门造车更稳妥
政治性薪酬和晋升政策知觉	POP10	从我工作以来，我们部门所有的加薪和提拔决定都符合相关规定，没人玩弄权术（R）
	POP11	在我们单位，薪酬和晋升制度就是个摆设，等执行的时候压根儿就不是这么回事
	POP12	在我们单位现有体制下，即使我符合条件也不一定能得到晋升和嘉奖
	POP13	印象中，我们单位的加薪和提拔都是按规定执行的（R）
	POP14	我们单位没有明文规定员工在什么情况下可以获得加薪和提拔
	POP15	在我们单位，那些获得提拔的人也没啥好羡慕的，反正也不是因为才华出众，而是依靠关系和手段得到的

资料来源：Kacmar 和 Carlson（1997）、瞿娇娇（2014）。

5. 员工责任感测量量表

本书采取 Morrison 和 Phelps（1999）所开发的量表对员工的责任感进行测量，该量表共计五个题项。Fuller（2006）在其研究中对该量表进行了验证，结果显示该量表的 Cronbach'α 值为 0.78，大于 0.7。因此该量表具有良好的信度。如表 4-5 所示。

表 4-5 员工责任感测量量表

变量	编号	题项内容	来源
责任感	R1	我有责任给工作带来新的变化（例如提高服务质量等）	Fuller（2006）
	R2	我有责任改善自己所处的工作环境（包括人际关系等方面）	
	R3	我有义务适时改进我的工作方法与程序	
	R4	我有责任指出或改正工作中出现的问题	
	R5	我有责任挑战或者改变自己现在的工作地位	

资料来源：Morrison 和 Phelps（1999）、Fuller（2006）。

第三节　问卷设计

根据研究假设和对威权领导、员工沉默行为、员工绩效、组织政治知觉、责任感的定义，并通过各变量的相关成熟量表，笔者设计了针对本书所使用的调查问卷，采用 Likert 五点计分法进行测量（1 = 非常不符合，2 = 不符合，3 = 不确定，4 = 符合，5 = 非常符合）。

为了获取有效的数据，保证测量的科学性，本书在问卷设计的过程中，遵从以下六点原则：（1）测量问卷的内容与研究情景、模型相匹配；（2）题项简洁明了，避免产生歧义；（3）尽量使用中性词语，避免误导答题者；（4）尽量不使用专业性词语、生僻字，避免给答题者带来影响；（5）确保问卷题项意思完整；（6）在问卷指导语部分做出保密承诺，并说明研究目的（杨国枢等，2006）。

依据以上六点原则，对本书的调查问卷进行设计。

第一，以文献回顾为基础，筛选相关变量测量量表。本书通过对国内外大量文献的整理，对所选取的变量进行了操作性概念界定，从被国内外学者证实有效的、相对成熟的量表中选定本书使用的量表。在此基础上，通过对量表信度、效度、题项数目、被试者情绪等多因素考量，本书最终选择郑伯埙等（2000）、郑晓涛（2006）、王辉（2002）、瞿娇娇（2014）、Morrison 和 Phelps（1999）所开发和翻译的量表用于初始问卷的编制。

第二，通过与学术界及企业界相关人士的小规模讨论，形成初始调查问卷。笔者在团队学术研讨会上，与一位教授、四位博士研究生、四位硕士研究生参考被访者意见对测量问卷进行修改，最终形成了包含 63 个题项的初始调查问卷。其中，基本信息包含 10 个题项；威权领导包含 13 个题项；员工沉默行为包含 12 个题项；员工绩效包含 8 个题项；组织政治知觉包含 15 个题项；责任感包含 5 个题项。在此之后，与 10 个不同行业的一线员工、中层管理者、高层管理者（医院、饲料销售、高校等）就测量题项进行交流，进一步对测量问卷进行完善，使得问卷的措辞和内容更易被企业的一般员工所理解。

第三，通过小样本测试对问卷进行修正，形成正式调查问卷。为了检验初始调查问卷的可靠性，本书进行了小样本预测试（详见第四节），针对数据分析结果，并结合被访者及笔者所在科研团队专家的意见，对初始调查问卷题项进行删减，形成了最终的正式调查问卷。

共同方法偏差检验

同源偏差，也叫共同方法变异（Common Method Variance，CMV），指的是变量之间关系并不是真实存在的，结果所显示的关系可能是由使用同类的测量工具、被试人群、测量环境产生变异所致。因此，同源偏差会降低研究结果的可信度，在测量时需要利用一些方法对其进行控制（周浩等，2004）。Podsakoff 等（2003）、彭台光等（2006）学者认为，事前控制有助于降低或消除同源偏差。

为了降低同源偏差的负面效果，获得真实的一手数据，本书在问卷的设计和发放过程中采取了以下的措施。

第一，各变量的测量量表均为成熟量表。本书选择威权领导（郑伯埙等，2000）、员工沉默行为（郑晓涛，2006）、员工绩效（王辉，2002）、组织政治知觉（瞿娇娇，2014）、责任感（Morrison 和 Phelps，1999）的测量量表，均为国内外已有的成熟量表。在题项的叙述中，使用客观、中性的语句，以减少对被访者主观态度的误导。

第二，隐匿题项意义。彭台光等（2006）认为，虽然告知被试者题项的名称和构念有助于研究者对后期数据的处理进行编码，但是这样做的后果容易造成共同方法变异，因此本书隐匿了变量的名称。

第三，设计反向题项。反向题项（reversed items）的设计有助于减少被访者的随意性和一致性，研究者在数据录入时可以以此为参考，判别问卷的有效性。由于所设计测量量表题项偏多、题项语句偏长，本书将测量问卷中第46题、49题、53题、56题作为反向题项进行测量。

第四，问卷发放与回收的隐匿性。本书所使用的调查问卷均带有独立包装，被访者填写完毕后可以立即密封，以确保所填内容免于泄露，从而保证每份调查问卷的独立性和客观性。

第四节 预测试

1. 预测试样本描述

为了预判调查问卷的有效性，保证测量质量，本书对初始问卷进行了小范围的预测试，测试内容包括研究涉及的所有变量。以长春市某宾馆、长春市某体检中心、长春市某汽车配件公司员工为预调查对象（并未包含在正式调研的样本之中），自 2015 年 9 月 21 日起，通过三家公司人力资源部经理委派指定人员，按照要求对问卷进行发放与回收，于 2015 年 9 月 28 日完成了预调研。其间共发放问卷 243 份，回收 214 份，有效问卷 201 份，问卷回收率为 88.1%，问卷有效率为 93.9%。

本书首先对预测样本中的人口变量进行了统计分析，随后，通过预测样本数据对各个构念进行了信度检验。预测试中，描述性分析涉及人口统计变量，包括性别、年龄、受教育程度、职位级别以及在本单位的工作年限。

从表 4-6 中的分析结果可以看出，预测样本在性别方面，女性高于男性，女性比例达到了 65.7%；在年龄方面，20~30 岁的比例较高，为 55.7%，超过了总样本的一半；在受教育程度方面，大专和本科学历合计占 72.9%，两端比例较低；在职位级别方面，一般职员占绝大多数，比例为 64.2%；在该单位工作年限 1~3 年与 10 年以上所占比例相当且最多，分别为 24.9%、22.9%。总体来看，预测样本的人口特征未见异常，适合进行后续的信度检验。

表 4-6 预测样本的人口统计学特征

单位：%，人

人口变量	变量取值	人数	比例	总数
性别	男	69	34.3	201
	女	132	65.7	
年龄	20~30 岁	112	55.7	201
	31~40 岁	50	24.9	
	41~50 岁	26	12.9	
	50 岁以上	13	6.5	

续表

人口变量	变量取值	人数	比例	总数
受教育程度	高中或中专及以下	34	16.9	201
	大专	50	24.9	
	本科	88	43.8	
	硕士及以上	29	14.4	
职位级别	一般职员	129	64.2	201
	基层管理者	30	14.9	
	中层管理者	35	17.4	
	高层管理者	7	3.5	
本单位工作年限	1年以下	38	18.9	201
	1~3年	50	24.9	
	3~5年	39	19.4	
	5~10年	28	13.9	
	10年以上	46	22.9	

资料来源：笔者根据相关资料整理。

2. 预测试样本信度分析

信度分析常常被用来评估量表的一致性及可靠性。本书将通过CITC与Cronbach's α两个指数来判别预测样本信度水平。CITC（Corrected Item - Total Correlation）是同一潜变量下，每一个题项与其他所有题项之和的相关系数，可以作为量表中"垃圾题项"的判别和净化依据。Cronbach's α用以测量量表的内部一致性，它克服了部分折半法的缺点，是目前管理学研究最常使用的信度分析方法之一。卢纹岱（2002）认为，在数据处理中应该删除CITC小于0.3的题项，且题项剔除后可明显提高Cronbach's α系数；Nunnally（1978）则认为，Cronbach's α系数在0.5~0.7之间为量表信度可接受范围，大于0.7则表明量表信度良好。因此，本书将基于以上两项基本原则，净化题项，判别信度，以提高问卷的测量准确性。

如表4-7所示，在威权领导量表中，威服维度各题项的CITC均达到了阀值，维度α系数为0.811，大于0.7；专权维度各题项的CITC均达到了阀值，维度α系数为0.768，大于0.7；隐匿维度各题项的CITC均达到了阀值，维度α系数为0.740，大于0.7；严峻维度各题项的CITC均达到了阀值，

维度 α 系数为 0.717，大于 0.7；教诲维度各题项的 CITC 均达到了阀值，维度 α 系数为 0.661，在 0.5~0.7 之间，因此保留威权领导量表中的全部题项。

表 4-7 威权领导的 CITC 及内部一致性分析

变量	变量维度	题项编号	CITC 系数	删除该题项后 α 系数	维度 α 系数	量表 α 系数
威权领导	威服	AL1	0.678	0.724	0.811	0.887
		AL2	0.600	0.803		
		AL3	0.718	0.681		
	专权	AL4	0.642	—	0.768	
		AL5	0.642	—		
	隐匿	AL6	0.578	—	0.740	
		AL7	0.678	—		
	严峻	AL8	0.636	0.499	0.717	
		AL9	0.521	0.648		
		AL10	0.460	0.716		
	教诲	AL11	0.455	0.590	0.661	
		AL12	0.524	0.498		
		AL13	0.441	0.608		

资料来源：笔者根据相关资料整理。

如表 4-8 所示，在员工绩效量表中，任务绩效维度各题项的 CITC 均达到了阀值，维度 α 系数为 0.808，大于 0.7；周边绩效维度各题项的 CITC 均达到了阀值，维度 α 系数为 0.769，大于 0.7，因此保留员工绩效量表中的全部题项。

表 4-8 员工绩效的 CITC 及内部一致性分析

变量	变量维度	题项编号	CITC 系数	删除该题项后 α 系数	维度 α 系数	量表 α 系数
员工绩效	任务绩效	TP1	0.553	0.800	0.808	0.837
		TP2	0.732	0.710		
		TP3	0.640	0.754		
		TP4	0.592	0.775		
	周边绩效	CP1	0.490	0.764	0.769	
		CP2	0.623	0.702		
		CP3	0.679	0.654		
		CP4	0.536	0.734		

资料来源：笔者根据相关资料整理。

如表 4-9 所示，在员工沉默行为量表中，默许性沉默维度各题项的 CITC 均达到了阀值，维度 α 系数为 0.889，大于 0.7；防御性沉默维度各题项的 CITC 均达到了阀值，维度 α 系数为 0.875，大于 0.7；漠视性沉默维度各题项的 CITC 均达到了阀值，维度 α 系数为 0.785，大于 0.7，因此保留员工沉默行为量表中的全部题项。

表 4-9 员工沉默行为的 CITC 及内部一致性分析

变量	变量维度	题项编号	CITC 系数	删除该题项后 α 系数	维度 α 系数	量表 α 系数
员工沉默	默许性沉默	AS1	0.660	0.892	0.889	0.919
		AS2	0.774	0.851		
		AS3	0.789	0.845		
		AS4	0.806	0.838		
	防御性沉默	DSa1	0.709	0.849	0.875	
		DSa2	0.769	0.825		
		DSa3	0.781	0.820		
		DSa4	0.670	0.864		
	漠视性沉默	DSb1	0.590	0.735	0.785	
		DSb2	0.583	0.738		
		DSb3	0.612	0.722		
		DSb4	0.589	0.735		

资料来源：笔者根据相关资料整理。

根据表 4-10 的结果可以进行如下操作。

在一般性政治行为知觉维度中，各题项的 CITC 均达到了阀值，维度 α 系数为 0.721，大于 0.7，这表明一般性政治行为知觉维度量表具有较高的一致性，因此保留该维度量表中的全部题项。

在保持沉默静待好处知觉维度中，维度 α 系数为 0.717，但第 3 题、第 6 题、第 9 题这三个反向题项的 CITC 分别为 0.298、0.076、0.157，均未达到 0.30 这一最低标准，将这三个题项删除后，维度 α 系数从 0.717 增加到 0.831，维度量表信度水平明显提高。

在政治性薪酬和晋升政策知觉维度中，维度 α 系数为 0.755，但第 13 题这一反向题项的 CITC 为 0.296，未达到 0.30 这一最低标准，将此题项删除后，维度 α 系数从 0.755 增加到 0.769，维度量表信度水平明显提高。

因此，基于卢纹岱（2002）和 Nunnally（1978）提出的原则，本书将组织政治知觉量表中的第 3、6、9、13 四个题项予以剔除。组织政治知觉总量表 α 系数从 0.854 上升到 0.883。

表 4-10　组织政治知觉的 CITC 及内部一致性分析

变量	变量维度	题项编号	CITC 系数	删除该题项后 α 系数	维度 α 系数	量表 α 系数
组织政治知觉	一般性政治行为知觉	POP1	0.564	—	0.721	(α^1) 0.854 (α^2) 0.883
		POP2	0.564	—		
	保持沉默静待好处知觉	POP3	0.298	0.724	(α^1) 0.717 (α^2) 0.831	
		POP4	0.511	0.664		
		POP5	0.700	0.610		
		POP6	0.076	0.767		
		POP7	0.671	0.622		
		POP8	0.612	0.634		
		POP9	0.157	0.745		
	政治性薪酬和晋升政策知觉	POP10	0.449	0.741	(α^1) 0.755 (α^2) 0.769	
		POP11	0.711	0.680		
		POP12	0.575	0.754		
		POP13	0.296	0.765		
		POP14	0.428	0.756		
		POP15	0.578	0.718		

资料来源：笔者根据相关资料整理。

如表 4-11 所示，在责任感量表中，责任感各题项的 CITC 均达到了阀值，α 系数为 0.823，大于 0.7，这表明责任感量表具有较高的一致性，故此保留责任感量表中的全部题项。

通过小样本预测试中的 CITC 及内部一致性分析，本书净化了测量质量较差的题项，处理后，保留题项的 CITC 均达到了阀值，各量表及其维度的 α 系数均达到了 0.70 的最低标准，说明净化后的测量工具具有良好的信度，可据此开展正式调研。

表 4-11　责任感的 CITC 及内部一致性分析

变量	题项编号	CITC 系数	删除该题项后 α 系数	量表 α 系数
责任感	R1	0.659	0.776	0.823
	R2	0.594	0.796	
	R3	0.709	0.765	
	R4	0.690	0.773	
	R5	0.480	0.832	

资料来源：笔者根据相关资料整理。

第五章 数据分析与结果

本章在之前研究的基础上，用正式调查问卷进行大样本调研，问卷总计发放 864 份，回收 709 份，有效问卷 607 份。数据回收后，运用 SPSS 19.0、AMOS 18.0 等软件对数据进行录入和处理，并对前文中提到的威权领导、员工沉默行为、员工绩效、组织政治知觉、责任感之间关系进行验证，同时根据分析结果，对提出的研究假设进行检验。以此为依据，对结果进行分析和讨论。

第一节 大样本调研

由于本书中的相关测量数据无法从公开资料中获得，所以采用问卷调查法来获得一手数据。本书主要调研对象为中国企业员工，调查对象不受企业所有制、行业等因素限制。由于问卷发放需要耗费大量的时间和精力，而笔者一个人精力有限，故此采取两种方式对数据进行收集：现场匿名纸质调查问卷、委托匿名纸质调查问卷。其中，现场匿名纸质调查问卷是指由笔者现场指导被试者填写的调查问卷；委托匿名纸质调查问卷是指笔者委托他人现场指导被访者所填写的调查问卷。

1. 现场匿名纸质调查问卷

为了增加调查的可测性，在研究者时间、能力范围内，选取了除预调研企业外的多家企业进行问卷调查，包括长春市一家制造加工企业（合资企业，员工规模 80 人）、长春市一家体检中心（民营企业，员工规模 64 人）、长春市一家车辆制造企业（国有企业，员工规模为 200 人）、长春市一家酒店（民营企业，员工规模50人）。

笔者通过个人关系，与调研对象企业的负责人或人力资源部经理取得联系，在他们的帮助下发放问卷，并对他们企业的员工进行当面指导，对员工有疑义的题项进行解释。现场匿名纸质调查问卷的发放从2015年10月中旬到2015年11月上旬，历时半个月。

为了消除被试者的心理顾虑，在被试者填写问卷前，笔者请求人力资源经理回避，并向被试者阐明此次调查的相关事项。

第一，本次调研只供学术研究使用，不做其他用途；

第二，强调此次调研为不记名式，并保证除笔者外，其他个人或团体无法接触该问卷；

第三，问卷回收和录入过程中，不做记号、不排序，一经形成电子版，原始调查问卷将不再保留；

第四，为了减少被试者答题偏差，向被试者解释问卷中各部分之间不存在关联性。

2. 委托匿名纸质调查问卷

由于时间、精力有限，笔者委托1位长春市重点初中的班主任老师、1位长春市重点高中的班主任老师协助进行问卷发放工作。在这两位老师的帮助下，笔者共联系到该重点初中的6位班主任老师和该重点高中的4位班主任老师，将调查问卷以作业的形式经由学生交与其在企业中工作的父母进行填写，并在问卷填写说明中，注明了上述调查的相关事项。

委托匿名纸质调查问卷的发放对象主要是在企业工作的学生家长，调查问卷由学生所在班级班主任进行发放回收后交给笔者所委托的老师，由笔者统一收回进行数据的录入和处理。委托匿名纸质调查问卷的发放从2015年11月中旬到2015年11月下旬，历时一周。

现场匿名纸质调查问卷与委托匿名纸质调查问卷总计发放864份，回收709份，回收率82%。按照如下标准对无效问卷进行剔除：（1）量表中题项填写有遗漏（不包含人口统计学变量）；（2）对同一问题进行多次填写；（3）反向题项的填写与前后题项矛盾；（4）答案多数为同一得分，且规律性较为明显。在此标准下，剔除无效问卷102份，保留有效问卷

607 份，问卷有效率 85.6%。

调研工作历经两个月时间，最终获得 607 个有效样本，可以用来进行下一步的统计与假设检验。

第二节 描述性统计分析

因为本书旨在探究企业员工在面对上级威权领导时所表现出的沉默行为与员工绩效水平，因而并未限定正式调研样本的人口特征，本书包含的人口统计学变量有企业性质、员工的性别、本单位工作年限、年龄、文化程度以及职位级别，在利用 SPSS 19.0 对数据样本进行分析后，得出具体分布如表 5-1 所示。

表 5-1 企业与员工样本特征

单位：人，%

人口统计学变量		频数	比例	总数	人口统计学变量		频数	比例	总数
企业性质	国有企业	315	52.0	606	年龄	21~30 岁	115	18.9	607
	私营企业	94	15.5			31~40 岁	312	51.4	
	外资企业	11	1.8			41~50 岁	154	25.4	
	合资企业	16	2.6			51 岁及以上	26	4.3	
	其他	170	28.1		文化程度	高中及以下	112	18.5	607
性别	男	209	34.5	606		大专	119	19.6	
	女	397	65.5			本科	271	44.6	
单位工作年限	1 年及以下	43	7.1	607		硕士及以上	105	17.3	
	1~3 年	94	15.5		职位级别	一般职员	418	68.9	607
	3~5 年	90	14.8			基层管理者	81	13.3	
	5~10 年	141	23.2			中层管理者	78	12.9	
	10 年以上	239	39.4			高层管理者	30	4.9	

资料来源：笔者根据相关资料整理。

从表 5-1 中的统计分析结果可以得出，在企业性质方面，国有企业员工超过了总样本的一半，占总样本的 52.0%；私营企业员工共计 94 人，占总样本的 15.5%；外资企业员工共计 11 人，占总样本的 1.8%；

合资企业员工共计16人，占总样本的2.6%；其他类型企业员工共计170人，占总样本的28.1%；缺省值1人，占总样本的0.2%。其中，其他企业性质里包括股份制企业、集体所有制企业等企业类型。同时，部分合资和外资企业一线员工由于对企业性质概念界定模糊，在填写问卷中选择了"其他"选项。

从样本性别的数据来看，男性员工共计209人，占总样本的34.4%；女性员工共计397人，占总样本的65.4%；缺省值1人，占总样本的0.2%，整体样本中女性员工数量多于男性员工。出现这种情况的原因在于所选测量企业辖下的酒店、体检中心、教育机构等员工以女性为主。

从样本年龄的数据分布来看，21～30岁员工115人，占总样本的18.9%；31～40岁员工312人，占总样本的51.4%；41～50岁员工154人，占总样本的25.4%；51岁及以上员工26人，占总样本的4.3%。被测试员工大部分集中在31～40岁的年龄段，该年龄段员工主要为企业基层员工或基层主管，年龄并未发生偏离。

从样本工作年限的数据来看，工作时间未满1年员工43人，占总样本的7.1%；工作时间1～3年员工94人，占总样本的15.5%；工作时间3～5年员工90人，占总样本的14.8%；工作时间5～10年员工141人，占总样本的23.2%；工作时间10年以上员工239人，占总样本的39.4%，未见异常。

从样本文化程度的数据来看，高中及以下学历员工112人，占总样本的18.5%；大专学历员工119人，占总样本的19.6%；本科学历员工271人，占总样本的44.6%；硕士及以上员工105人，占总样本的17.3%。受访者学历主要集中在本科，学历水平普遍较高。

从样本职位级别的数据来看，一般职员418人，占总样本的68.9%；基层管理者81人，占总样本的13.3%；中层管理者78人，占总样本的12.9%；高层管理者30人，占总样本的4.9%，数据未见异常。

以上六项描述性统计分析表明，本书的样本数据总体分布未见异常，可以进行下一步研究。

第三节 信度与效度分析

1. 信度分析

本书采用 Cronbach's α 系数来检验各量表的信度水平。通过 SPSS 19.0 软件，对 607 份正式调研样本的数据分析，所得结果如表 5-2 所示。其中，威权领导 13 题，Cronbach's α 系数为 0.851；任务绩效与周边绩效各 4 题，Cronbach's α 系数分别为 0.865 和 0.735；默许性沉默、防御性沉默、漠视性沉默各 4 题，Cronbach's α 系数分别为 0.919、0.914、0.847；组织政治知觉 11 题，Cronbach's α 系数为 0.920；责任感 5 题，Cronbach's α 系数为 0.885。本书选取变量及其各维度的 Cronbach's α 系数值均大于 0.70，这表明所选取变量研究量表信度较高，整体量表具有较高的内部一致性。

表 5-2 信度分析结果

变量（或维度）	题数	α 系数	变量（或维度）	题数	α 系数
威权领导	13	0.851	防御性沉默	4	0.914
任务绩效	4	0.865	漠视性沉默	4	0.847
周边绩效	4	0.735	组织政治知觉	11	0.920
默许性沉默	4	0.919	责任感	5	0.885

资料来源：笔者根据相关资料整理。

2. 效度分析

在正式调研中，本书使用的量表相对成熟，得到了国内外学者的广泛应用，并通过双向翻译法以及相关专家的审核与修订，保证了跨情境测量的准确性。不仅如此，在正式调研前，本书在相近情境中对问卷进行了小样本预测试，通过 CITC 与 Cronbach's α 系数对测量条目加以净化，以提高问卷的测量质量。从而可以判断正式调研中使用问卷的内容效度能够得到基本保证。在本书效度的分析中，着重考察量表的构念效度（Construct Validity），而量表的构念效度由聚合效度（Covergent Validity）和判别效度（Discriminant Validity）组成。

（1）聚合效度

为了检验量表的聚合效度，本书通过结构方程建模技术，使用 AMOS 18.0 数据分析软件，对正式调研中的 607 份员工样本数据进行了验证性因子分析（CFA）。本书选择题项质量（因子载荷）、组合信度（CR）、平均方差提取量（AVE）作为测量模型的内部拟合指标，选择 Chi – Square/df、GFI、RMSEA 作为整体模型的相对拟合指标，选择 NFI、CFI、IFI 作为整体模型的绝对拟合指标。

一般认为，因子载荷系数大于 0.7，CR 值大于 0.6，AVE 值大于 0.5，表明潜变量具有较好的聚合效度（Bogozzi 和 Yi，1988），若能同时满足 Chi – Square/df 小于 3，RMSEA 取值小于 0.08，且 GFI、NFI、CFI、IFI 取值均高于 0.9，则表明测量模型具有良好的拟合优度（吴明隆，2009）。亦有学者将判别条件放宽，如吴明隆（2012）认为因子载荷系数大于 0.5 即可，邱始政和林碧（2012）建议 Chi – Square/df 小于 5 即在可接受的范围内，而 MacCallum 等（1996）则强调可将 RMSEA 的临界标准界定为 0.1。

威权领导、员工绩效、员工沉默行为、组织政治知觉与责任感的 CFA 检验结果分别如表 5 – 3、表 5 – 4、表 5 – 5、表 5 – 6、表 5 – 7 所示。

如表 5 – 3 威权领导的 CFA 分析结果显示，各观测变量的标准化因子载荷系数介于 0.576 ~ 0.920，t 值均大于 2 且达到了显著性水平。威服维度潜变量的 CR 值为 0.786，AVE 值为 0.552；专权维度潜变量的 CR 值为 0.717，AVE 值 0.559；隐匿维度潜变量 CR 值为 0.788，AVE 值为 0.655；严峻维度潜变量的 CR 值为 0.715，AVE 值为 0.458；教诲维度潜变量的 CR 值为 0.703，AVE 值为 0.445。整体模型的 Chi – Square/df、RMSEA、CFI、NFI 等各项指标拟合较为理想（如表 5 – 8 所示）。通过 CFA 检验结果，可判断该量表具有良好的聚合效度。

表 5 – 3 威权领导的 CFA 结果

维度	题项编号	因子载荷	测量残差	CR	AVE
威服	AL1	0.740	0.863	0.786	0.552
	AL2	0.667	0.626		
	AL3	0.814	0.556		

续表

维度	题项编号	因子载荷	测量残差	CR	AVE
专权	AL4	0.772	0.546	0.717	0.559
	AL5	0.723	0.849		
隐匿	AL6	0.681	0.925	0.788	0.655
	AL7	0.920	0.260		
严峻	AL8	0.719	0.873	0.715	0.458
	AL9	0.725	0.736		
	AL10	0.576	0.964		
教诲	AL11	0.788	0.721	0.703	0.445
	AL12	0.612	0.906		
	AL13	0.593	0.981		

资料来源：笔者根据相关资料整理。

如表5-4员工绩效的CFA分析结果显示，各观测变量的标准化因子载荷系数介于0.522~0.864，t值均大于2且达到了显著性水平。任务绩效潜变量的CR值为0.870，AVE值为0.627；周边绩效潜变量的CR值为0.798，AVE值为0.503。在整体模型的各项拟合指标中（如表5-8所示），Chi-Square/df值为6.632，略高于阀值，可能是因为Chi-Square受到了样本量的影响，出现了一定程度的偏差，但RMSEA、CFI、NFI等其他拟合指标均达到了建议标准。因此，通过CFA检验结果，从整体上仍可判断该量表具有良好的聚合效度。

表5-4 员工绩效的CFA结果

变量	题项编号	因子载荷	标准残差	CR	AVE
任务绩效	TP1	0.738	0.258	0.870	0.627
	TP2	0.842	0.146		
	TP3	0.864	0.134		
	TP4	0.713	0.288		
周边绩效	CP1	0.522	0.725	0.798	0.503
	CP2	0.728	0.239		
	CP3	0.834	0.232		
	CP5	0.717	0.496		

资料来源：笔者根据相关资料整理。

如表5-5员工沉默行为的CFA分析结果显示，各观测变量的标准化因子载荷系数介于0.688~0.899，t值均大于2且达到了显著性水平。默许性沉默潜变量的CR值为0.919，AVE值为0.740；防御性沉默潜变量的CR值为0.916，AVE值0.773；漠视性沉默潜变量的CR值为0.866，AVE值0.619。在整体模型的各项拟合指标中（如表5-8所示），Chi-Square/df值为5.894，GFI为0.881，两项指标虽未满足条件，但很接近阀值，而RMSEA、CFI、NFI等其他拟合指标均达到了理想状态。因此，根据CFA检验结果，从整体上仍可判断该量表具有良好的聚合效度。

表5-5 员工沉默行为的CFA结果

变量	题项编号	因子载荷	测量残差	CR	AVE
默许性沉默	AS1	0.777	0.657	0.919	0.740
	AS2	0.864	0.439		
	AS3	0.898	0.270		
	AS4	0.897	0.312		
防御性沉默	DSa1	0.860	0.370	0.916	0.773
	DSa2	0.899	0.298		
	DSa3	0.882	0.295		
	DSa4	0.779	0.534		
漠视性沉默	DSb1	0.688	0.731	0.866	0.619
	DSb2	0.847	0.204		
	DSb3	0.805	0.403		
	DSb4	0.797	0.291		

资料来源：笔者根据相关资料整理。

如表5-6组织政治知觉的CFA分析结果显示，各观测变量的标准化因子载荷系数介于0.554~0.936，t值均大于2且达到了显著性水平。一般性政治行为知觉潜变量的CR值为0.829，AVE值为0.710；保持沉默静待好处知觉潜变量的CR值为0.832，AVE值0.559；政治性薪酬和晋升政策知觉潜变量的CR值为0.823，AVE值为0.579。整体模型的Chi-Square/df、RMSEA、CFI、NFI等各项指标拟合较为理想（如表5-8所示）。根据

CFA 检验结果，可判断该量表具有良好的聚合效度。

表 5-6 组织政治知觉的 CFA 结果

变量	题项编号	因子载荷	测量残差	CR	AVE
一般性政治行为知觉	POP1	0.738	0.839	0.829	0.710
	POP2	0.936	0.252		
保持沉默静待好处知觉	POP4	0.554	0.995	0.832	0.559
	POP5	0.871	0.438		
	POP7	0.729	0.851		
	POP8	0.799	0.685		
政治性薪酬和晋升政策知觉	POP10	0.821	0.550	0.823	0.579
	POP11	0.781	0.601		
	POP12	0.765	0.756		
	POP14	0.653	0.917		
	POP15	0.775	0.639		

资料来源：笔者根据相关资料整理。

如表 5-7 责任感的 CFA 分析结果显示，各观测变量的标准化因子载荷系数介于 0.684~0.880，t 值均大于 2 且达到了显著性水平，潜变量的 CR 值为 0.889，AVE 值为 0.617，整体模型的 Chi-Square/df、RMSEA、CFI、NFI 等各项指标拟合较为理想（如表 5-8 所示）。根据 CFA 检验结果，可判断该量表具有良好的聚合效度。

表 5-7 责任感的 CFA 结果

变量	题项编号	因子载荷	测量残差	CR	AVE
责任感	R1	0.684	0.440	0.889	0.617
	R2	0.783	0.347		
	R3	0.880	0.165		
	R4	0.822	0.209		
	R5	0.746	0.427		

资料来源：笔者根据相关资料整理。

表 5-8 为测量模型的整体拟合结果。

表 5-8 测量模型的整体拟合结果

变量	Chi-Square	df	Chi-Square/df	NFI	IFI	GFI	CFI	RMSEA
威权领导	253.565	55	4.610	0.915	0.932	0.938	0.932	0.077
员工绩效	126.015	19	6.632	0.923	0.936	0.930	0.936	0.098
员工沉默行为	300.594	51	5.894	0.915	0.923	0.881	0.923	0.101
组织政治知觉	160.433	41	3.913	0.939	0.949	0.936	0.949	0.080
责任感	24.305	5	4.861	0.973	0.976	0.971	0.976	0.094

资料来源：笔者根据相关资料整理。

(2) 判别效度

本书通过竞争模型比较法，借助 AMOS 18.0 数据分析软件，并采用 Chi-Square/df、RMSEA、GFI、NFI、CFI、IFI 六项指标以检验变量的判别效度。本书共涉及威权领导、默许性沉默、防御性沉默、漠视性沉默、任务绩效、周边绩效、组织政治知觉、责任感八个变量，因此，将八因子模型作为基准模型，首先对其进行验证性因子分析。

在随后的步骤中，将任务绩效与周边绩效二因子合并，构建了七因子模型；将默许性沉默、防御性沉默、漠视性沉默三因子合并，构建了六因子模型；将默许性沉默、防御性沉默、漠视性沉默合并为单因子，将任务绩效与周边绩效合并为单因子，构建了五因子模型；四因子模型是在五因子模型基础上构建的，再将组织政治知觉与责任感2因子合并；三因子模型是在五因子模型基础上构建的，将威权领导、组织政治知觉、责任感三个因子合并；单因子模型是将所有变量合并为单因子。

为了解决测量条目太多的问题，根据 Mathieu 和 Farr (1991) 的建议，本书在 CFA 检验过程中分别将威权领导、组织政治知觉的潜变量测量均值，作为这一维度的观测指标。表 5-9 是本书各个模型的验证性因子分析结果，与其他嵌套模型相比，八因子模型的各项拟合指标最为理想，因此可判断本书涉及的变量间具有良好的判别效度。

表5-9 判别效度分析结果

模型	因子结构	Chi-Square	df	ΔChi-Square	Δdf	NFI	IFI	GFI	CFI	RMSEA
8因子	AL, POP, R, AS, DSa, DSb, TP, CP	1829.831	467			0.907	0.925	0.901	0.925	0.069
7因子	AL, POP, R, AS, DSa, DSb, (TP, CP)	2160.435	474	330.604***	7	0.846	0.875	0.819	0.875	0.077
6因子	AL, POP, R, (AS, DSa, DSb), TP, CP	2825.835	480	996.004***	13	0.798	0.827	0.826	0.759	0.090
5因子	AL, POP, R, (AS, DSa, DSb), (TP, CP)	3155.199	485	1325.368***	18	0.775	0.803	0.730	0.802	0.095
4因子	AL, (POP, R), (AS, DSa, DSb), (TP, CP)	4151.955	489	2322.124***	22	0.704	0.729	0.660	0.728	0.111
3因子	(AL, POP, R), (AS, DSa, DSb), (TP, CP)	4623.562	492	2793.731***	25	0.670	0.694	0.614	0.694	0.118
单因子	(AL, POP, AS, DSa, DSb, R, TP, CP)	6476.633	495	4646.803***	28	0.538	0.557	0.493	0.556	0.141

注：*表示 $p<0.05$；**表示 $p<0.01$；***表示 $p<0.001$；以下各表相同，不再标注。

资料来源：笔者根据相关资料整理。

第四节 方差分析

本书对正式调研样本的均值差异进行了统计分析，以检验各个变量在人口统计特征上是否存在显著差异。其中，所设计的人口统计特征包括企业性质、性别、年龄、文化程度、本单位工作年限以及职位级别。在后续的研究中，对性别组进行了独立样本 T 检验，对其他组进行了单因素方差分析。在方差分析中，本书采纳了马国庆（2003）的建议，当 P 在小于等于 0.05 水平上显著时，表明方差齐性，可采用 T 检验中的 LSD 法识别差异的显著水平；当 P 大于 0.05 时，表明方差不齐，应采用 Tamhane 法加以判断。具体分析结果如表 5-10 和表 5-11 所示。

表 5-10　人口特征的 T 检验与方差分析结果（N = 607）

变量	企业性质 均值差异（MD）	企业性质 方差齐性（VE）	性别 MD	性别 VE	年龄 MD	年龄 VE
威权领导	2.620*	0.952	6.528***	0.011	2.810*	0.772
任务绩效	1.543	0.074	7.974*	0.005	0.554	0.099
周边绩效	1.960	0.069	10.344**	0.001	1.246	0.303
默许性沉默	2.820*	0.000	7.922*	0.005	1.681	0.628
防御性沉默	0.769	0.017	2.215	0.137	3.598*	0.089
漠视性沉默	1.696	0.000	6.817	0.009	4.188**	0.000
组织政治知觉	2.221	0.003	32.341***	0.000	1.283	0.170
责任感	0.748	0.160	0.784	0.376	7.903***	0.005

注1：N 描述的是样本量；均值差异（MD）描述的是 F 值；方差齐性（VE）描述的是显著水平。

注2：由于研究涉及的变量较多，且方差分析中 LSD 与 Tamhane 两个判别方法较为繁复，本书略去了多重比较检验结果。

资料来源：笔者根据相关资料整理。

从表 5-10 的分析结果可以得出，不同企业类型在威权领导与默许性沉默上均存在显著差异，依据多重比较检验结果，威权领导在国有企业与私有企业中均表现出较高的水平，而默许性沉默则以国有企业为高。

表 5-11　人口特征的 T 检验与方差分析结果

变量	文化程度 MD	文化程度 VE	本单位工作年限 MD	本单位工作年限 VE	职位级别 MD	职位级别 VE
威权领导	0.444	0.183	0.813	0.001	3.561*	0.366
任务绩效	1.976	0.323	1.967	0.007	0.671	0.629
周边绩效	4.628**	0.566	1.369	0.907	0.524	0.024
默许性沉默	5.024**	0.199	2.627*	0.017	2.366	0.072
防御性沉默	1.051	0.302	0.587	0.241	2.431	0.162
漠视性沉默	1.946	0.015	0.620	0.008	0.633	0.407
组织政治知觉	6.445***	0.003	1.920	0.012	0.882	0.176
责任感	0.284	0.362	0.648	0.179	0.598	0.753

注1：N 描述的是样本量；均值差异（MD）描述的是 F 值；方差齐性（VE）描述的是显著水平。

注2：由于研究涉及的变量较多，且方差分析中 LSD 与 Tamhane 两个判别方法较为繁复，本书略去了多重比较检验结果。

资料来源：笔者根据相关资料整理。

在性别方面，威权领导、任务绩效、周边绩效、默许性沉默、组织政治知觉均存在显著差异，其中男性对威权领导、组织政治知觉以及默许性沉默的感知程度较高，而女性则对自身员工绩效水平有更高的评价。

在年龄方面，威权领导、防御性沉默、漠视性沉默以及责任感均存在显著差异，年龄较高者对威权领导、防御性沉默、漠视性沉默的感知程度较高，而年龄较低者则对自身责任感的评价较高。

在文化程度方面，默许性沉默、周边绩效与组织政治知觉均存在显著差异，硕士及以上组在默许性沉默与周边绩效上高于其他组，但对组织政治知觉的评价最低。在职位级别方面，只有威权领导存在差异，基层管理者高于其他组。

第五节　共同方法偏差检验

共同方法变异（common method variance，CMV），指的是变量之间关系并不是真实存在的，结果所显示的关系可能是由使用同类的测量工具、被试人群、测量环境产生变异所致（周浩和龙立荣，2004；Podsakoff 和 Mackenzie，2003）。这种人为干预的共变可能会掩盖变量间的真实关系，导致研究结论出现偏差。

由于资源、时间、精力等诸多方面的局限性，本书采用单一方法（自填问卷）以测量被试者对各个构念的认知与评价。尽管在问卷设计中，本书通过匿名填答、反向题项等方法加以控制，但被试样本的同源性、测量语境以及问项特征等因素仍然有可能导致一定程度的共同方法偏差。因此，本书将依据周浩和龙立荣（2004）的研究，通过"Harman's 单因素检验"与"非可观测潜在方法因子的影响控制"两种方法，检测正式调研问卷的共同方法偏差。

（1）Harman's 单因素检验

该方法的基本假设是，当因子分析的结果是产生单一因子，抑或一个因子解释了变项间协方差的大部分时，可判断变项间存在共同方法偏差。本书基于607份员工问卷，将49个题项加载到一起进行探索性因子分析（EFA），结果表明，KMO 值为 0.941，说明问卷数据适合做因子分析，不进行旋转的第一个主成分累积解释了 32.336% 的方差变异，未占到总变异解释量的一半，说明共同方法偏差没有对本书造成严重影响。

（2）非可观测潜在方法因子的影响控制

如若研究者无法观测甚至不能识别共同方法偏差来源，可以通过有方法潜因子模型与无方法潜因子模型的拟合度比较，检验共同方法偏差效应。具体而言，首先，应将全部标识变量负载到同一方法潜变量上，这一潜变量便可视为共同方法偏差；其次，再对其进行验证性因子分析；再次，将所有标识变量负载到各自所属的潜变量上（即为无方法潜因子模型），对其进行验证性因子分析；最后，可通过比较两个模型的拟合指数来判断同源方法偏差的大小。由表 5 - 9 判别效度分析结果可知，单因子模型（有方法潜因子模型）与 8 因子模型（无方法潜因子模型）比较而言，$\Delta df = 28$，$\Delta Chi - Square = 4646.803$，远大于 41.337（$P < 0.05$），模型间存在显著差异，拟合优度得到了明显改善，因此可判断共同方法偏差对研究中的变量关系没有产生显著影响。

第六节 假设检验

在本部分中,我们一是检验威权领导对员工绩效的影响;二是验证员工沉默行为在威权领导和员工绩效间的中介效应;三是在模型主效应成立的基础上,验证组织政治知觉和责任感在威权领导和员工沉默行为之间的调节作用;四是以此为基础,检验组织政治知觉和责任感在威权领导和员工绩效之间是否有调节性的中介作用。

1. 相关分析

本书借助 SPSS 19.0 软件,计算了各个变量的均值、标准差,并对变量间的相关性进行了分析,结果如表 5-12 所示。威权领导与任务绩效、周边绩效呈显著负相关 ($r = -0.281$, $P < 0.001$; $r = -0.295$, $P < 0.001$)。员工沉默行为的三个维度,即默许性沉默、防御性沉默、漠视性沉默,与威权领导正相关 ($r = 0.637$, $P < 0.001$; $r = 0.562$, $P < 0.001$; $r = 0.477$, $P < 0.001$);与任务绩效和周边绩效均呈负相关,相关系数在 $-0.375 \sim -0.207$,在 $P < 0.001$ 水平上显著。组织政治知觉与威权领导及

表 5-12 变量均值、标准差及变量间相关系数

变量	Mean	SD	1	2	3	4	5	6	7	8
威权领导	2.257	0.877	1							
任务绩效	4.465	0.624	-0.281***	1						
周边绩效	4.322	0.663	-0.295***	0.530***	1					
默许性沉默	2.030	1.132	0.637***	-0.289***	-0.355***	1				
防御性沉默	1.869	1.061	0.562***	-0.207***	-0.244***	0.720***	1			
漠视性沉默	1.590	0.833	0.477***	-0.300***	-0.375***	0.601***	0.695***	1		
组织政治知觉	2.189	1.005	0.628***	-0.339***	-0.425***	0.659***	0.589***	0.602***	1	
责任感	4.395	0.746	-0.270***	0.487***	0.515***	-0.357***	-0.307***	-0.405***	-0.445***	1

注:Mean 表示均值;SD 表示标准差。
资料来源:笔者根据相关资料整理。

员工沉默行为各维度均呈正相关，相关系数在 0.589~0.659 之间，在 $P<0.001$ 水平上显著；与任务绩效、周边绩效以及责任感显著负相关（$r=-0.339$，$P<0.001$；$r=-0.425$，$P<0.001$；$r=-0.445$，$P<0.001$）。责任感与任务绩效、周边绩效显著正相关（$r=0.487$，$P<0.001$；$r=0.515$，$P<0.001$），与威权领导、员工沉默行为各维度及组织政治知觉负相关，相关系数介于 -0.270~-0.445，在 $P<0.001$ 水平上显著。

2. 威权领导对员工绩效的主效应检验

本书借助 SPSS 19.0 数据分析软件验证所有假设，但为了保证数据结果的严谨性和可靠性，根据张新安等（2009），杨国亮、卫海英（2012），于海波等（2014）的研究以及第四节的方差分析结果，本书在回归分析中控制了性别、年龄、文化程度三个人口统计学变量，并将性别与文化程度进行了虚拟化处理，控制变量赋值如表 5-13 所示。

表 5-13　控制变量赋值

变量名称（类型）	变量赋值
性别（虚拟变量）	以男性为参照组 G：男性 =0，女性 =1
年龄（连续变量）	20~30 岁 =1 31~40 岁 =2 41~50 岁 =3 51 岁及以上 =4
文化程度（虚拟变量）	以高中及以下为参照组 E1：大专 =1，其他 =0 E2：本科 =1，其他 =0 E3：硕士及以上 =1，其他 =0

资料来源：笔者根据相关资料整理。

威权领导对员工绩效的影响，结果如表 5-14 所示。方程 1、方程 2 检验了威权领导对任务绩效的影响，方程 3、方程 4 检验了威权领导对周边绩效的影响。由于回归模型中自变量存在多个，且彼此间适度相关，因此，本书采纳了卢文岱（2002）的建议，对模型进行了多重共线性检验。本书选择了方差膨胀因子（VIF）与条件索引（CI）两个指数进行综合判断,一般认为 VIF 值应小于 2,CI 值最好小于 15,在 15~30 之间也尚可接受(Neter 等,1996)。共线性诊断结果表明,威权领导的 VIF 值为 1.046,小于 2,CI 值为 11.993,小于 15,因此可判断变量间的共线性较低。

表 5-14 威权领导对员工绩效的影响

变量		因变量:任务绩效		因变量:周边绩效	
		方程 1	方程 2	方程 3	方程 4
控制变量	女性	0.089*	0.042	0.128**	0.082*
	年龄	0.021	0.051	-0.062	-0.032
	大专	-0.011	-0.011	-0.063	-0.062
	本科	-0.040	-0.039	-0.048	-0.046
	硕士及以上	-0.099	-0.089	-0.175**	-0.164**
自变量	β(威权领导)		-0.277***		-0.273***
	R^2	0.018	0.091	0.044	0.115
	调整 R^2	0.010	0.082	0.036	0.106
	F 值	2.201	10.021***	5.497***	12.967***
	ΔR^2		0.073		0.071

资料来源:笔者根据相关资料整理。

表 5-14 中,方程 1 检验的是控制变量对任务绩效的影响。结果表明,回归方程的 F 值为 2.201,不显著,说明控制变量对任务绩效不存在影响。方程 2 检验的是威权领导对任务绩效的影响,结果显示威权领导对任务绩效存在显著的负向影响(标准化回归系数 $\beta = -0.277$,$P < 0.001$),假设 H1-1 得以证实。方程 3 检验的是控制变量对周边绩效的影响,结果表明,回归方程的 F 值为 5.497,在 $P < 0.001$ 水平上显著,说明整体上控制变量对周边绩效存在影响,具体而言,性别对周边绩效存在显著正向影响($\beta_{[女性]} = 0.128$,$P < 0.01$),文化程度对周边绩效存在显著负向影响($\beta_{[硕士及以上]} = -0.175$,$P < 0.01$)。方程 4 检验了威权领导与周边绩效的因果关系,显而易见,威权领导对周边绩效有显著负向影响($\beta = -0.273$,$P < 0.001$),假设 H1-2 得以证实。

3. 员工沉默行为的中介效应检验

（1）威权领导对员工沉默行为的影响

威权领导对员工沉默行为的影响如表 5-15 所示。

方程 1、方程 3、方程 5 分别检验了控制变量对员工沉默行为各维度的影响。结果表明，3 个回归方程的 F 值均显著，年龄对默许性沉默、防御性沉默、漠视性沉默均存在显著正向影响（$\beta = 0.162$，$P < 0.01$；$\beta = 0.125$，$P < 0.01$；$\beta = 0.154$，$P < 0.001$），文化程度仅对默许性沉默、漠视性沉默存在显著的正向影响（$\beta_{[本科]} = 0.270$，$P < 0.05$；$\beta_{[本科]} = 0.147$，$P < 0.01$），但性别的影响并不显著。

方程 2、方程 4、方程 6 分别检验了威权领导对员工沉默行为各维度的影响，结果表明，威权领导对默许性沉默、防御性沉默以及漠视性沉默均有显著正向影响（$\beta = 0.634$，$P < 0.001$；$\beta = 0.565$，$P < 0.001$；$\beta = 0.466$，$P < 0.001$），因而假设 H2-1、假设 H2-2、假设 H2~3 均已得到了进一步验证。

此外，回归方程的共线性诊断结果表明，威权领导的 VIF 值为 1.046，小于 2，CI 值为 11.993，小于 15，可判断变量间的共线性较低，未对数据结果造成严重影响。

表 5-15 威权领导对员工沉默行为的影响

变量		因变量：默许性沉默		因变量：防御性沉默		因变量：漠视性沉默	
		方程 1	方程 2	方程 3	方程 4	方程 5	方程 6
控制变量	女性	-0.168	0.036	-0.023	0.072*	-0.063	0.015
	年龄	0.162**	0.041	0.125**	0.063	0.154***	0.103**
	大专	0.088	0.030	-0.007	-0.008	0.074	0.073
	本科	0.270*	0.115**	0.053	0.050	0.147**	0.145**
	硕士及以上	0.557	0.162***	0.082	0.061	0.125*	0.107*
自变量	β（威权领导）		0.634***		0.565***		0.466***
	R^2	0.041	0.426	0.021	0.326	0.037	0.245
	调整 R^2	0.033	0.420	0.013	0.320	0.029	0.238
	F 值	5.118***	74.038***	2.565*	48.348***	4.674***	32.483***
	ΔR^2		0.385		0.305		0.208

资料来源：笔者根据相关资料整理。

(2) 员工沉默行为对员工绩效的影响

员工沉默行为对员工绩效的影响如表 5-16 所示。

方程 1、方程 5 分别描述了控制变量对员工绩效各维度的影响，与表 5-14 中的方程 1 与方程 3 相同，但为了易于比较方程间的拟合优度及方差的梳理变化，这部分内容也同样列于表 5-16 中。

表 5-16　员工沉默行为对员工绩效的影响

变量		因变量：任务绩效				因变量：周边绩效			
		方程 1	方程 2	方程 3	方程 4	方程 5	方程 6	方程 7	方程 8
控制变量	女性	0.089*	0.069	0.084*	0.070	0.128**	0.104**	0.123**	0.105**
	年龄	0.021	0.052	0.046	0.067	-0.062	-0.025	-0.033	-0.006
	大专	-0.011	-0.002	-0.013	0.011	-0.063	-0.052	-0.064	-0.036
	本科	-0.040	-0.007	-0.029	0.004	-0.048	-0.008	-0.035	0.006
	硕士及以上	-0.099	-0.047	-0.083	-0.062	-0.175**	-0.113*	-0.156**	-0.129**
自变量	β（默许性沉默）		-0.283***				-0.333***		
	β（防御性沉默）			-0.205***				-0.230***	
	β（漠视性沉默）				-0.301***				-0.363***
	R^2	0.018	0.095	0.059	0.105	0.037	0.150	0.096	0.170
	调整 R^2	0.010	0.086	0.050	0.096	0.029	0.142	0.087	0.162
	F 值	2.201	10.472***	6.297***	11.753***	4.674***	17.675***	10.567***	20.516***
	ΔR^2		0.077	0.041	0.087		0.113	0.063	0.133

资料来源：笔者根据相关资料整理。

方程 2、方程 3、方程 4 分别检验了员工沉默行为各维度对任务绩效的影响，结果表明，默许性沉默、防御性沉默、漠视性沉默对任务绩效均存在显著负向影响（$\beta = -0.283$，$P < 0.001$；$\beta = -0.205$，$P < 0.001$；$\beta = -0.301$，$P < 0.001$），因此，假设 H3-1-1、假设 H3-1-2、假设 H3-1-3 得到了进一步支持。

方程 6、方程 7、方程 8 则分别检验了员工沉默行为各维度对周边绩效的影响，结果表明，默许性沉默、防御性沉默、漠视性沉默对周边绩效均存在显著负向影响（$\beta = -0.333$，$P < 0.001$；$\beta = -0.230$，$P < 0.001$；$\beta = -0.363$，$P < 0.001$），因此假设 H3-2-1、假设 H3-2-2、假设 H3-2-3 均得到了证实。

回归方程的共线性诊断结果表明，默许性沉默、防御性沉默以及漠视性沉默的 VIF 值介于 1.02~1.05 之间，均小于 2，CI 值介于 11.02~11.04 之间，均小于 15，可判断变量间的共线性较低，未对回归结果造成严重影响。

（3）员工沉默行为的中介作用

为了进一步考察员工沉默行为在威权领导与员工绩效间的中介作用，本书采用 Baron 和 Kenny（1986）的回归三步法对其进行检验。具体步骤为：第一步，检验威权领导对员工绩效的显著影响；第二步，检验威权领导对员工沉默行为的显著影响；第三步，同时将威权领导、员工沉默行为放入模型中对员工绩效进行回归，威权领导的回归系数应该显著降低，且员工沉默行为的回归系数应该显著。

员工沉默行为中介作用分析结果如表 5-17 所示。方程 1、方程 5 分别描述了威权领导对员工绩效各维度的影响，与表 5-14 中的方程 2 与方程 4 相同，同样为了比较方程间的拟合优度及方差的梳理变化，也将此结果呈现在表 5-17 中。

由于威权领导对任务绩效、周边绩效的显著影响（方程 1、方程 5），以及威权领导对员工沉默行为各维度的显著影响（表 5-15 中的方程 2、方程 4、方程 6）均已得到验证，因此，员工沉默行为中介作用只需检验最后一步即可。

方程 2 在方程 1 的基础上加入了默许性沉默这一中介变量，结果表明，加入默许性沉默后，回归方程解释的变异量有所增加（$\Delta R^2 = 0.019$，$P < 0.001$），威权领导对任务绩效的负向影响由 -0.277（$P < 0.001$）降低到 -0.162（$P < 0.01$），且默许性沉默的回归系数显著（$\beta = -0.181$，$P < 0.001$），说明默许性沉默在威权领导和任务绩效间起到了部分中介作用，假设 H4-1-1 得到了验证。

方程 3 在方程 1 的基础上加入了防御性沉默这一中介变量，结果显示，加入防御性沉默后，模型的解释力度没有显著增强（$\Delta R^2 = 0.004$，不显著），且防御性沉默的回归系数不显著，由此说明防御性沉默不能在威权领导与任务绩效之间起中介作用，假设 H4-1-2 没有得到验证。

方程 4 在方程 1 的基础上加入了中介变量漠视性沉默，结果表明，相较于方程 1 而言，模型的解释力度显著增强（$\Delta R^2 = 0.037$，$P < 0.001$），威权领导对任务绩效的负向影响由 -0.277（$P < 0.001$）降低到 -0.174（$P < 0.001$），且漠视性沉默的影响仍然存在且显著（$\beta = -0.221$，$P < 0.001$），说明漠视性沉默在威权领导与任务绩效间起到了部分中介作用，因此假设 H4-1-3 得到了进一步支持。

方程 6 在方程 5 的基础上加入了默许性沉默这一中介变量，结果表明，加入默许性沉默后，回归方程解释的变异量有所增加（$\Delta R^2 = 0.041$，$P < 0.001$），威权领导对周边绩效的负向影响由 -0.273（$P < 0.001$）降低到 -0.102（$P < 0.05$），且默许性沉默的回归系数显著（$\beta = -0.269$，$P < 0.001$），说明默许性沉默在威权领导和周边绩效间起到了部分中介作用，假设 H4-2-1 得到了验证。

方程 7 在方程 5 的基础上加入了防御性沉默这一中介变量，结果显示，加入防御性沉默后，模型的解释力度显著增强（$\Delta R^2 = 0.009$，$P < 0.05$），在防御性沉默回归系数显著（$\beta = -0.116$，$P < 0.05$）的情况下，威权领导的负向影响由方程 5 中的 -0.273（$P < 0.001$）降低到 -0.207（$P < 0.001$），说明防御性沉默在威权领导与周边绩效之间起中介作用，假设 H4-2-2 得到了验证。

方程 8 在方程 5 的基础上加入了中介变量漠视性沉默，结果表明，相较于方程 5 而言，模型的解释力度显著增强（$\Delta R^2 = 0.069$，$P < 0.001$），威权领导对周边绩效的负向影响由 -0.273（$P < 0.001$）降低到 -0.132（$P < 0.01$），且漠视性沉默的影响仍然存在且显著（$\beta = -0.302$，$P < 0.001$），这说明漠视性沉默在威权领导与周边绩效间起到了部分中介作用，因此假设 H4-2-3 得到了进一步支持。回归方程的共线性诊断结果表明，威权领导、默许性沉默、防御性沉默以及漠视性沉默的 VIF 值介于 1.04～1.75 之间，均小于 2，CI 值介于 7.79～13.34 之间，均小于 15，可判断变量间的共线性较低，未对回归结果造成严重影响。

表 5-17　员工沉默行为的中介作用

变量		因变量：任务绩效				因变量：周边绩效			
		方程1	方程2	方程3	方程4	方程5	方程6	方程7	方程8
控制变量	女性	0.042	0.049	0.048	0.046	0.082*	0.092*	0.090*	0.087*
	年龄	0.051	0.058	0.056	0.074	-0.032	-0.021	-0.025	-0.001
	大专	-0.011	-0.005	-0.011	0.005	-0.062	-0.054	-0.063	-0.040
	本科	-0.039	-0.018	-0.035	-0.007	-0.046	-0.015	-0.040	-0.002
	硕士及以上	-0.089	-0.060	-0.084	-0.065	-0.164**	-0.121*	-0.157**	-0.132**
自变量	威权领导	-0.277***	-0.162**	-0.233***	-0.174***	-0.273***	-0.102*	-0.207***	-0.132**
	β（默许性沉默）		-0.181***				-0.269***		
	β（防御性沉默）			-0.077				-0.116*	
	β（漠视性沉默）				-0.221***				-0.302***
	R^2	0.091	0.110	0.095	0.128	0.115	0.156	0.124	0.184
	调整R^2	0.082	0.100	0.085	0.118	0.106	0.147	0.114	0.174
	F值	10.021***	10.555***	8.986***	12.536***	12.967***	15.839***	12.092***	19.207***
	ΔR^2		0.019	0.004	0.037		0.041	0.009	0.069

资料来源：笔者根据相关资料整理。

4. 调节效应检验

为了进一步检验组织政治知觉与责任感的调节作用，本书采纳了 Aiken 和 West（1991）的建议，首先考察自变量、调节变量对因变量的主效应作用，然后在此模型基础上，将自变量与调节变量的乘积项纳入回归方程进行检验，若乘积项的回归系数达到显著性水平，则表明存在调节效应。陈晓萍和徐淑英等（2008）指出，为了减小回归模型中的多重共线性问题，可先将自变量和调节变量进行标准化处理，而后将标准化自变量与标准化调节变量相乘以构造乘积项。因此，本书将综合以上程序，验证组织政治知觉与责任感的调节作用。

(1) 组织政治知觉的调节作用

组织政治知觉调节作用的分层回归结果，如表 5-18 所示。为了更好地比较模型的拟合优度，本书将威权领导对员工沉默行为各维度的影响结果（方程 1、方程 4、方程 7），也列入了表 5-18 之中。

方程 2、方程 5、方程 8 分别检验了自变量与调节变量对员工沉默行为各维度的影响，结果表明组织政治知觉对默许性沉默、防御性沉默和漠视性沉默的回归系数分别为 0.414、0.401 和 0.500，均在 $P<0.001$ 水平上显著，当组织政治知觉也进入回归模型中，回归方程分别显著增加了 9.9%、9.2% 和 14.3% 的方差，均在 $P<0.001$ 水平上显著。

表 5-18 组织政治知觉调节作用的分层回归结果

变量		因变量：默许性沉默			因变量：防御性沉默			因变量：漠视性沉默		
		方程1	方程2	方程3	方程4	方程5	方程6	方程7	方程8	方程9
控制变量	女性	0.036	0.047	0.054	0.072*	0.080*	0.086**	0.015	0.026	0.031
	年龄	0.041	0.027	0.029	0.063	0.049	0.051	0.103**	0.085*	0.087**
	大专	0.030	-0.003	0.000	-0.008	-0.039	-0.036	0.073	0.034	0.037
	本科	0.115**	0.050	0.051	0.050	-0.010	-0.010	0.145**	0.069	0.069
	硕士及以上	0.162***	0.081*	0.087*	0.061	0.047	0.053	0.107**	0.009	0.014
自变量	威权领导（AL）	0.634***	0.380***	0.369***	0.565***	0.317***	0.308***	0.466***	0.157***	0.148***
	调节变量									
	组织政治知觉（POP）		0.414***	0.379***		0.401***	0.369***		0.500***	0.471***
	AL×POP			0.087**			0.079*			0.074*
	R^2	0.426	0.525	0.530	0.326	0.418	0.423	0.245	0.389	0.393
	调整 R^2	0.420	0.519	0.524	0.320	0.411	0.415	0.238	0.382	0.386
	F 值	74.038***	93.972***	83.993***	48.348***	61.212***	54.509***	32.483***	54.355***	48.305***
	ΔR^2		0.099	0.006		0.092	0.005		0.143	0.004

资料来源：笔者根据相关资料整理。

方程 3、方程 6、方程 9 则分别在方程 2、方程 5、方程 8 的基础上，增加了威权领导（AL）与组织政治知觉（POP）的交互项，结果表明，交互项"AL×POP"对默许性沉默、防御性沉默、漠视性沉默均存在显著正向影响（$\beta=0.087$，$P<0.01$；$\beta=0.079$，$P<0.05$；$\beta=0.074$，$P<0.05$），且模型的解释力度均显著增强（$\Delta R^2=0.006$，$P<0.01$；$\Delta R^2=0.005$，$P<0.01\Delta$；$R^2=0.004$，$P<0.05$）。这说明在威权领导与默许性沉默、防御性沉默、漠视性沉默的正向关系间，组织政治知觉均起到了正向调节作用，即当员工组织政治知觉高时，威权领导对员工沉默行为各维度的影响均会增强，反之，则会降低。

因此，假设H5-1、假设H5-2、假设H5-3得到了支持。回归方程的共线性诊断结果表明，威权领导、组织政治知觉、交互项的VIF值介于1.04~1.95之间，均小于2，CI值介于11.99~13.56之间，均小于15，可判断变量间的共线性较低，未对回归结果造成严重影响。

（2）责任感的调节作用

责任感调节作用的分层回归结果，如表5-19所示。为了更好地比较模型的拟合优度，本书同样将威权领导对员工沉默行为各维度的影响结果（方程1、方程4、方程7）也列入了表5-19之中。

方程2、方程5、方程8分别检验了自变量与调节变量对员工沉默行为各维度的影响，结果表明责任感对默许性沉默、防御性沉默、漠视性沉默的回归系数分别为-0.197、-0.161、-0.288，均在$P<0.001$水平上显著，当责任感也进入回归模型中，回归方程分别显著增加了3.5%、2.3%以及7.5%的方差，均在$P<0.001$水平上显著。

方程3、方程6、方程9则分别在方程2、方程5、方程8的基础上，增加了威权领导（AL）与责任感（R）的交互项，结果表明，交互项"AL×R"对默许性沉默、防御性沉默、漠视性沉默均存在显著负向影响（$\beta=-0.067$，$P<0.05$；$\beta=-0.081$，$P<0.05$；$\beta=-0.079$，$P<0.05$），且模型的解释力度均显著增强（$\Delta R^2=0.004$，$P<0.05$；$\Delta R^2=0.006$，$P<0.05$；$\Delta R^2=0.005$，$P<0.05$）。这说明责任感在威权领导与员工沉默行为各维度的正向关系间均起到了负向调节作用，即当员工责任感强时，威权领导对员工沉默行为各维度的影响均会减弱，反之，则均会增强。

因此，假设H6-1、假设H6-2、假设H6-3得到了支持。回归方程的共线性诊断结果表明，威权领导、责任感、交互项的VIF值介于1.04~

1.28之间，均小于2，CI值介于11.99~26.14之间，小于15与30两个临界值，可判断变量间的共线性并不严重。

表5-19 责任感调节作用的分层回归结果

变量		因变量：默许性沉默			因变量：防御性沉默			因变量：漠视性沉默		
		方程1	方程2	方程3	方程4	方程5	方程6	方程7	方程8	方程9
控制变量	女性	0.036	0.035	0.041	0.072*	0.071*	0.079*	0.015	0.014	0.021
	年龄	0.041	0.010	0.010	0.063	0.038	0.038	0.103**	0.058	0.058
	大专	0.030	0.025	0.027	-0.008	-0.011	-0.010	0.073	0.067	0.068
	本科	0.115**	0.104*	0.102*	0.050	0.041	0.038	0.145**	0.129	0.126
	硕士及以上	0.162***	0.149***	0.150***	0.061	0.050	0.051	0.107*	0.089	0.089
自变量	威权领导（AL）	0.634***	0.585***	0.585***	0.565***	0.524***	0.525***	0.466***	0.394***	0.394***
	调节变量									
	责任感（R）		-0.197***	-0.171***		-0.161***	-0.131***		-0.288***	-0.258***
	AL×R			-0.067*			-0.081*			-0.079*
	R^2	0.426	0.461	0.465	0.326	0.350	0.355	0.245	0.320	0.325
	调整R^2	0.420	0.454	0.457	0.320	0.342	0.347	0.238	0.312	0.316
	F值	74.038***	72.983***	64.735***	48.348***	45.952***	41.122***	32.483***	40.299***	35.977***
	ΔR^2		0.035	0.004		0.023	0.006		0.075	0.005

资料来源：笔者根据相关资料整理。

5. 调节性中介效应检验

多数研究倾向于单独检验变量间的影响机制和全变因素（Chen和Aryee，2007；Liu，Kwan和Mao，2009），然而这种方法无法同时描绘存在的中介效应和调节效应，即中介效应可能随着某变量的调节作用而发生变化，或者调节效应可能由某个中介变量所解释（刘东等，2012）。因此，本书将采纳Edwards和Lambert（2007）的建议，通过拔靴法（bootstrapping method）融合了调节效应和中介效应的检验模型，以进一步验证组织政治知觉与责任感在威权领导和员工绩效之间是否具有调节性的中介作用。

(1) 组织政治知觉在模型中具有调节性的中介作用

表 5-20、表 5-21、表 5-22 分别检验了在不同组织政治知觉水平下，员工沉默行为各维度在威权领导与任务绩效、周边绩效之间所起的中介作用。

由表 5-20 可知，无论员工组织政治知觉低或高，威权领导对默许性沉默均存在显著正向影响（$r=0.390$，$P<0.01$；$r=0.550$，$P<0.01$），同时，这两个影响系数之间也存在着显著的差异（$\Delta r=0.160$，$P<0.05$），因此，组织政治知觉会强化威权领导对默许性沉默的影响，假设 H5-1 得到了进一步支持。

威权领导对任务绩效的间接影响（通过默许性沉默）在组织政治知觉低时负向显著（$r=-0.039$，$P<0.05$），在组织政治知觉高时不显著（$r=-0.011$，$n.s.$），而两者的差异也仍然不显著（$\Delta r=0.028$，$n.s.$），因此，假设 H7-1-1 没有得到支持。

威权领导对周边绩效的间接影响（通过默许性沉默）在组织政治知觉低或高时均不显著（$r=-0.023$，$n.s.$；$r=-0.044$，$n.s.$），两者间的差异也不显著（$\Delta r=-0.021$，$n.s.$），因此，假设 H7-1-2 未能通过检验。

表 5-20 调节性的中介效应检验（以组织政治知觉为调节变量，默许性沉默为中介变量）

调节变量	威权领导（X）→默许性沉默（M）→任务绩效					威权领导（X）→默许性沉默（M）→周边绩效				
	阶段		效应			阶段		效应		
	第一阶段	第二阶段	直接效应	间接效应	总效应	第一阶段	第二阶段	直接效应	间接效应	总效应
	P_{MX}	P_{YM}	P_{YX}	$P_{YM}P_{MX}$	$P_{YX}+P_{YM}P_{MX}$	P_{MX}	P_{YM}	P_{YX}	$P_{YM}P_{MX}$	$P_{YX}+P_{YM}P_{MX}$
低组织政治知觉	0.390**	-0.100*	-0.010	-0.039*	-0.049	0.390**	-0.060	-0.040	-0.023	-0.064
高组织政治知觉	0.550**	-0.020	-0.090	-0.011	-0.101	0.550**	-0.080	0.040	-0.044	-0.004
差异	0.160*	0.080	-0.080	0.028	-0.052	0.160*	-0.020	0.080	-0.021	0.060

注：P_{MX} 代表自变量对中介变量的影响；P_{YM} 代表中介变量对因变量的影响；P_{YX} 代表自变量对因变量的影响。高组织政治知觉代表均值加 1 个标准差；低组织政治知觉代表均值减 1 个标准差。

资料来源：笔者根据相关资料整理。

由于防御性沉默在威权领导与任务绩效间的中介作用未能得到验证，表5-21只检验了假设H7-2-2。

由结果可知，无论员工组织政治知觉低或高，威权领导对防御性沉默均存在显著正向影响（$r=0.300$，$P<0.01$；$r=0.440$，$P<0.01$），同时，这两个影响系数之间也存在着显著的差异（$\Delta r=0.140$，$P<0.01$），因此，组织政治知觉会强化威权领导对防御性沉默的影响，假设H5-2得到了进一步支持。

威权领导对周边绩效的间接影响（通过防御性沉默）无论组织政治知觉低或高均不显著（$r=0.003$，n.s.；$r=0.004$，n.s.），两者间的差异也不显著（$\Delta r=0.001$，n.s.），因此，假设H7-2-2未能得到支持。

表5-21 调节性中介效应检验（以组织政治知觉为调节变量，防御性沉默为中介变量）

调节变量	威权领导（X）→防御性沉默（M）→周边绩效				
	阶段		效应		
	第一阶段	第二阶段	直接效应	间接效应	总效应
	P_{MX}	P_{YM}	P_{YX}	$P_{YM}P_{MX}$	$P_{YX}+P_{YM}P_{MX}$
低组织政治知觉	0.300**	0.010	-0.050	0.003	-0.047
高组织政治知觉	0.440**	0.010	-0.030	0.004	-0.026
差异	0.140**	0.000	0.020	0.001	0.021

资料来源：笔者根据相关资料整理。

由表5-22可知，无论员工组织政治知觉低或高，威权领导对漠视性沉默均存在显著正向影响（$R=0.100$，$P<0.05$；$R=0.200$，$P<0.01$），同时，这两个影响系数之间也存在着显著的差异（$\Delta R=0.100$，$P<0.05$），因此，组织政治知觉会强化威权领导对漠视性沉默的影响，假设H5-3得到了进一步支持。

威权领导对任务绩效的间接影响（通过漠视性沉默）无论组织政治知觉低或高均负向显著（$R=-0.021$，$P<0.05$；$R=-0.018$，$P<0.05$），而两者的差异却不显著（$\Delta R=0.003$，n.s.），因此，假设H7-3-1没有得

到支持。

威权领导对周边绩效的间接影响（通过漠视性沉默）无论组织政治知觉低或高均负向显著（$R = -0.027$，$P < 0.05$；$R = -0.026$，$P < 0.05$），但两者间的差异却不显著（$\Delta r = 0.001$，$n.s.$），因此，假设 H7-3-2 未能通过检验。

表 5-22　调节性中介效应分析（以组织政治知觉为调节变量，漠视性沉默为中介变量）

调节变量	威权领导（X）→漠视性沉默（M）→任务绩效					威权领导（X）→漠视性沉默（M）→周边绩效				
	阶段		效应			阶段		效应		
	第一阶段	第二阶段	直接效应	间接效应	总效应	第一阶段	第二阶段	直接效应	间接效应	总效应
	P_{MX}	P_{YM}	P_{YX}	$P_{YM}P_{MX}$	$P_{YX} + P_{YM}P_{MX}$	P_{MX}	P_{YM}	P_{YX}	$P_{YM}P_{MX}$	$P_{YX} + P_{YM}P_{MX}$
低组织政治知觉	0.100*	-0.210**	-0.030	-0.021*	-0.051	0.100*	-0.270**	0.000	-0.027*	-0.027
高组织政治知觉	0.200**	-0.090*	-0.090	-0.018*	-0.108	0.200**	-0.130*	-0.020	-0.026*	-0.046
差异	0.100*	0.120	-0.060	0.003	-0.057	0.100*	0.140	-0.020	0.001	-0.019

资料来源：笔者根据相关资料整理。

（2）责任感在模型中具有调节性的中介作用

表 5-23、表 5-24、表 5-25 分别检验了在不同责任感水平下，员工沉默行为各维度在威权领导与任务绩效、周边绩效之间所起的中介作用。

由表 5-23 可知，无论员工责任感的弱或强，威权领导对默许性沉默均存在显著正向影响（$R = 0.817$，$P < 0.01$；$R = 0.683$，$P < 0.01$），同时，这两个影响系数之间也存在着显著的差异（$\Delta R = -0.134$，$P < 0.05$），因此，责任感会弱化威权领导对默许性沉默的影响，假设 H6-1 得到了进一步支持。

威权领导对任务绩效的间接影响（通过默许性沉默）无论责任感弱或强均不显著（$R = 0.018$，$n.s.$；$R = -0.056$，$n.s.$），而两者的差异也仍然不显著（$\Delta R = -0.074$，n.s.），因此，假设 H8-1-1 没有得到支持。

威权领导对周边绩效的间接影响（通过默许性沉默）在责任感弱时负向显著（$R = -0.104$，$P < 0.05$），在责任感强时不显著（$R = -0.036$，n.s.），两者间的差异也不显著（$\Delta R = 0.068$，n.s.），因此，假设 H8-1-2 未能通过检验。

表 5-23 调节性中介效应检验（以责任感为调节变量，默许性沉默为中介变量）

调节变量	威权领导（X）→默许性沉默（M）→任务绩效					威权领导（X）→默许性沉默（M）→周边绩效				
	阶段		效应			阶段		效应		
	第一阶段	第二阶段	直接效应	间接效应	总效应	第一阶段	第二阶段	直接效应	间接效应	总效应
	P_{MX}	P_{YM}	P_{YX}	$P_{YM}P_{MX}$	$P_{YX}+P_{YM}P_{MX}$	P_{MX}	P_{YM}	P_{YX}	$P_{YM}P_{MX}$	$P_{YX}+P_{YM}P_{MX}$
责任感弱	0.817**	0.022	-0.175	0.018	-0.156*	0.817**	-0.127*	0.015	-0.104*	-0.089
责任感强	0.683**	-0.082*	-0.025	-0.056	-0.082*	0.683**	-0.053	-0.135*	-0.036	-0.171**
差异	-0.134*	-0.104	0.150	-0.074	0.074	-0.134*	0.074	-0.150	0.068	-0.082

注：P_{MX} 代表自变量对中介变量的影响；P_{YM} 代表中介变量对因变量的影响；P_{YX} 代表自变量对因变量的影响。责任感强代表均值加 1 个标准差；责任感弱代表均值减 1 个标准差。

资料来源：笔者根据相关资料整理。

由于防御性沉默在威权领导与任务绩效间的中介作用未能通过验证，表 5-24 只检验了假设 H8-2-2。

由结果可知，无论员工责任感弱或强，威权领导对防御性沉默均存在显著正向影响（$R = 0.687$，$P < 0.01$；$R = 0.553$，$P < 0.01$），同时，这两个影响系数之间也存在着显著的差异（$\Delta R = -0.134$，$P < 0.05$），因此，责任感会弱化威权领导对防御性沉默的影响，假设 H6-2 得到了进一步支持。

威权领导对周边绩效的间接影响（通过防御性沉默）无论责任感弱或强均不显著（$R = -0.002$，n.s.；$R = -0.010$，n.s.），两者间的差异亦不显著（$\Delta R = -0.008$，n.s.），因此，假设 H8-2-2 未能通过检验。

表 5-24 调节性中介效应检验（以责任感为调节变量，防御性沉默为中介变量）

调节变量	威权领导（X）→防御性沉默（M）→周边绩效				
	阶段		效应		
	第一阶段	第二阶段	直接效应	间接效应	总效应
	P_{MX}	P_{YM}	P_{YX}	$P_{YM}P_{MX}$	$P_{YX}+P_{YM}P_{MX}$
责任感弱	0.687**	-0.003	-0.090	-0.002	-0.092*
责任感强	0.553**	-0.017	-0.150**	-0.010	-0.159**
差异	-0.134*	-0.014	-0.060	-0.008	-0.067

资料来源：笔者根据相关资料整理。

由表 5-25 可知，无论员工责任感的弱或强，威权领导对漠视性沉默均存在显著正向影响（$R=0.440$，$P<0.01$；$R=0.320$，$P<0.01$），同时，这两个影响系数之间也存在着显著的差异（$\Delta R = -0.120$，$P<0.05$），因此，责任感会弱化威权领导对漠视性沉默的影响，假设 H6-3 得到了进一步支持。

威权领导对任务绩效的间接影响（通过漠视性沉默）无论责任感弱或强均不显著（$R=-0.005$，n.s.；$R=-0.042$，n.s.），而两者的差异也仍然不显著（$\Delta R=-0.037$，n.s.），因此，假设 H8-3-1 没有得到支持。

表 5-25 调节性中介效应检验（以责任感为调节变量，漠视性沉默为中介变量）

调节变量	威权领导（X）→漠视性沉默（M）→任务绩效					威权领导（X）→漠视性沉默（M）→周边绩效				
	阶段		效应			阶段		效应		
	第一阶段	第二阶段	直接效应	间接效应	总效应	第一阶段	第二阶段	直接效应	间接效应	总效应
	P_{MX}	P_{YM}	P_{YX}	$P_{YM}P_{MX}$	$P_{YX}+P_{YM}P_{MX}$	P_{MX}	P_{YM}	P_{YX}	$P_{YM}P_{MX}$	$P_{YX}+P_{YM}P_{MX}$
责任感弱	0.440**	-0.010	-0.150	-0.005	-0.154*	0.440**	-0.142*	-0.020	-0.063	-0.083
责任感强	0.320**	-0.130	-0.030	-0.042	-0.072*	0.320**	-0.098	-0.140*	-0.031	-0.171**
差异	-0.120*	-0.120	0.120	-0.037	0.082	-0.120*	0.044	-0.120	0.032	-0.088

资料来源：笔者根据相关资料整理。

威权领导对周边绩效的间接影响（通过漠视性沉默）在责任感弱时负向显著（$R = -0.063, P < 0.05$），在责任感强时不显著（$R = -0.031, n.s.$），两者间的差异亦不显著（$\Delta R = 0.032, n.s.$），因此，假设 H8-3-2 未能通过检验。

第七节 结果分析与讨论

1. 假设检验结果汇总

威权领导与员工绩效及其各维度关系的假设均成立（H1）；威权领导与员工沉默行为及其各维度关系的假设均成立（H2）；员工沉默行为与员工绩效及其各维度关系的假设均成立（H3）；员工沉默行为的中介效应除 H4-1-2 以外，假设均成立（H4）；组织政治知觉和责任感在威权领导与员工沉默行为及其各维度之间的调节效应假设均成立（H5、H6）；组织政治知觉和责任感在威权领导和员工绩效之间有调节性的中介作用假设不成立（H7、H8）。全部结果如表 5-26 所示。

表 5-26 假设检验结果汇总

假设	内容	结果
H1-1	威权领导对任务绩效具有显著负向影响	支持
H1-2	威权领导对周边绩效具有显著负向影响	支持
H2-1	威权领导对默许性沉默具有显著正向影响	支持
H2-2	威权领导对防御性沉默具有显著正向影响	支持
H2-3	威权领导对漠视性沉默具有显著正向影响	支持
H3-1-1	默许性沉默对任务绩效具有显著负向影响	支持
H3-1-2	防御性沉默对任务绩效具有显著负向影响	支持
H3-1-3	漠视性沉默对任务绩效具有显著负向影响	支持
H3-2-1	默许性沉默对周边绩效具有显著负向影响	支持
H3-2-2	防御性沉默对周边绩效具有显著负向影响	支持
H3-2-3	漠视性沉默对周边绩效具有显著负向影响	支持
H4-1-1	默许性沉默在威权领导与任务绩效之间存在中介作用	支持
H4-1-2	防御性沉默在威权领导与任务绩效之间存在中介作用	不支持

续表

假设	内容	结果
H4-1-3	漠视性沉默在威权领导与任务绩效之间存在中介作用	支持
H4-2-1	默许性沉默在威权领导与周边绩效之间存在中介作用	支持
H4-2-2	防御性沉默在威权领导与周边绩效之间存在中介作用	支持
H4-2-3	漠视性沉默在威权领导与周边绩效之间存在中介作用	支持
H5-1	组织政治知觉在威权领导与默许性沉默之间起调节作用	支持
H5-2	组织政治知觉在威权领导与防御性沉默之间起调节作用	支持
H5-3	组织政治知觉在威权领导与漠视性沉默之间起调节作用	支持
H6-1	责任感在威权领导与默许性沉默之间起调节作用	支持
H6-2	责任感在威权领导与防御性沉默之间起调节作用	支持
H6-3	责任感在威权领导与漠视性沉默之间起调节作用	支持
H7	组织政治知觉对员工沉默行为在威权领导与员工绩效间的中介效应具有调节作用	不支持
H8	责任感对员工沉默行为在威权领导与员工绩效间的中介效应具有调节作用	不支持

资料来源：笔者根据相关资料整理。

2. 研究结果讨论

（1）威权领导对员工绩效影响的实证结果解释

数据的分析结果证实了假设 H1 及分假设，即威权领导对员工绩效具有显著性影响，且影响效果为负向。这与前人的研究结果相一致（张德伟，2001；王锦堂，2002；Wu，2012）。其中，威权领导对任务绩效影响系数为 -0.281***，对周边绩效影响系数为 -0.295***，这表明在现实生活中，威权领导对员工任务绩效和周边绩效产生的负向影响效果相当。

本书采用郑伯埙等（2000）对威权领导的定义，认为威权领导包括了威服、专权、隐匿、严峻、教诲五个方面的行为。郑伯埙认为，威权领导的根源在于中国的古代文化，包括儒家的"三纲"（即"君为臣纲，父为子纲，夫为妻纲"）和法家的"法与罚"（即"势、术、法"）。在企业中，威权领导要求下属绝对服从自己，并通过驾驭、惩罚等手段使得权力得以集中。本书的样本中，国有企业员工占总样本的 51.9%，这表明威权领导风格在国有企业中最为常见，对员工绩效的影响也最为明显。之所以出现这种情况，源于国有企业除了营利以外，还担负着国家经济管理和维稳的职能，因此领导对于企业和员工的控制力度，要大于对员工工作结果的控制。

(2) 员工沉默行为中介作用的实证结果解释

①威权领导对员工沉默行为影响的实证结果解释

数据的分析结果表明，威权领导对员工沉默行为各维度均存在显著正向影响。这说明在企业中，当员工面对威权领导时，会采用沉默的策略予以应对，假设 H2 及分假设得到验证。其中，威权领导对默许性沉默影响系数最高，为 0.634***，其次是对防御性沉默影响系数，为 0.565***，最后是对漠视性沉默影响系数，为 0.466***。根据郑伯埙等（2000）的观点，威权领导者的主要目的在于控制下属且要求下属无条件地服从自己，因此，默许性沉默作为下属被动赞同和服从的体现，受到威权领导的影响最大。由 Hobfoll (1989) 提出的资源保存理论，我们知道，资源保存分为三个阶段：个体对资源损失风险进行感知、个体进行资源投资、资源的螺旋效应。当面对威权领导时，员工首先会通过对资源损失风险的感知采取防御性沉默策略，而随着资源的持续损失，会变得对组织毫不关心，冷眼旁观。因此，威权领导对防御性沉默的影响系数高于威权领导对漠视性沉默的影响系数。

②员工沉默行为对员工绩效的实证结果解释

对数据的分析结果，证实了员工沉默行为负向影响员工绩效。这说明在企业中，员工沉默行为会降低员工的工作成绩，员工沉默行为越严重，员工绩效越低，假设 H3 及分假设得以验证。其中，漠视性沉默对任务绩效、周边绩效的回归系数最高，分别为 -0.301***、-0.363***，其次是默许性沉默，回归系数分别为 -0.283***、-0.333***，最后是防御性沉默，回归系数分别为 -0.205***、-0.230***。

《庄子·田子方》有言："夫哀莫大于心死，而人死亦次之。"庄周认为，最可悲哀的事，莫过于思想顽钝，麻木不仁，而漠视性沉默作为一种冷漠麻木的沉默行为，相比其他沉默行为对员工绩效的负向影响要更大。出现防御性沉默的员工，会出于自我保护的目的尽量减少利益、绩效的损失,因此,防御性沉默对员工绩效各维度的回归系数要低于默许性沉默对员工绩效各维度的回归系数。

从数据结果中,我们还可以发现,员工沉默行为各维度对周边绩效的负向影响显著高于对任务绩效的负向影响。根据 Borman(1993)对任务绩效、周边绩效的定义,我们知道任务绩效是员工职责内的行为,能够直接对其工作结果进行评价,是员工工作能力、工作熟练度、知识与技能的表现;周边绩效则是为完成任务而进行的沟通等行为,起到了促进沟通和润滑关系的作用。故此,员工沉默行为各维度对以促进组织内的沟通为目的的周边绩效的负向影响更为明显。

③员工沉默行为各维度中介作用的实证结果解释

数据的分析结果表明,在员工沉默行为各维度中,除了防御性沉默在威权领导和任务绩效间的中介效应不成立之外,其他的中介作用均成立,即假设 H4-1-1,H4-1-3~H4-2-3 均成立,而 H4-1-2 不成立。这表明,威权领导是通过默许性沉默和漠视性沉默对任务绩效产生影响,而非通过防御性沉默。

出现这种结果,可能源于本书对威权领导的定义强调的是领导对下属的控制和下属的服从。默许性沉默强调的是员工对领导消极的顺从;漠视性沉默强调的是员工冷漠麻木对领导的纵容;防御性沉默则强调的是员工对自身利益的保护。相比较而言,默许性沉默和漠视性沉默更贴近威权领导的含义,因此,默许性沉默和漠视性沉默在威权领导和任务绩效之间具有中介作用,而防御性沉默的中介作用不成立。

另外,从数据处理结果,我们可以看出,默许性沉默在威权领导对任务绩效、周边绩效的影响中,起到的中介效应最强。在加入默许性沉默后,威权领导对任务绩效的回归系数从 -0.277*** 降低到 -0.162***,威权领导对周边绩效的回归系数从 -0.273*** 降低到 -0.102***,显著性水平有所降低。之所以出现这种情况,在于默许性沉默产生的机制与威权领导的目的一致,两者的重点都在于员工对领导的顺从。因此,威权领导更多的是通过使员工产生默许性沉默,进而对员工绩效产生影响。

(3) 组织政治知觉调节作用的实证结果解释

对数据的分析结果,证实了组织政治知觉在威权领导和员工沉默行为各维度之间均存在调节作用。这说明在企业中,组织政治知觉越高的员工,在面对威权领导时越容易产生员工沉默行为。假设 H5 及分假设均成立。其中,组织政治知觉在威权领导与默许性沉默间的调节作用最强,交互项回归系数为 0.087**;在威权领导与防御性沉默、漠视性沉默间的调节作用较弱,交互项回归系数分别为 0.079*、0.074*。

之所以出现这种情况,在于高组织政治知觉的员工,更加了解威权领导对员工服从的要求,因此会表现出更多以消极服从为目的的默许性沉默。

(4) 责任感调节作用的实证结果解释

通过对数据结果的分析,证实责任感在威权领导和员工沉默行为各维度之间均存在调节作用。这说明在企业中,责任感强的员工在面对威权领导时,相比责任感弱的员工而言,更难产生员工沉默行为,假设 H6 及分假设均成立。其中,责任感在威权领导与防御性沉默间的调节作用最强,交互项回归系数为 -0.081*;而责任感在威权领导与默许性沉默间的调节作用最弱,交互项回归系数为 -0.067*。

由责任感的定义我们知道,责任感越强的员工对责任认知越是清晰,越会产生履行责任的动力。本书受访者中,一般职员类型占总样本的68.9%,对于一般职员来说,服从领导是他们工作的基础,而责任感越强的员工越会听从领导的安排而忽略对自身利益的考量和保护。因此,责任感在威权领导与防御性沉默之间的调节作用最为强烈。同时,默许性沉默与漠视性沉默比较,对领导顺从的态度更为突出,因此,责任感在威权领导与默许性沉默间的调节效应要弱于责任感在威权领导与漠视性沉默间的调节效应。

(5) 组织政治知觉在模型中具有调节性中介作用实证结果解释

从表 5-20 中我们发现,当默许性沉默为中介变量时,组织政治知觉在威权领导与任务绩效、周边绩效之间直接效应 P_{YX} 差异值均为 -0.080,没有显著性,这说明在该模型下,组织政治知觉在主效应中不具有调节作用;表 5-21 表明,当防御性沉默为中介变量时,组织政治知觉在威权领导与周边绩效之间直接效应 P_{YX} 差异值为 0.020，没有显著性，这说明在该模型下，组织政治知觉在主效应中不具有调节作用；表 5-22 表明，当漠视性沉默为中介变量时，组织政治知觉在威权领导与任务绩效、周边绩效之间直接效应 P_{YX} 差异值分别是 -0.060、-0.020，这说明在该模型下，组织政治知觉在主效应中不具有调节作用。因此，根据表 5-20、表 5-21、表 5-22 的结果，组织政治知觉在威权领导和员工绩效之间不具有调节作用。

从上文的研究中我们知道组织政治知觉在威权领导和员工沉默行为各维度之间具有调节效应。然而，组织政治知觉却未能通过影响员工沉默行为而对员工绩效产生影响。出现这种情况可能基于三点原因。

第一，被试人群自身的特点。已有的研究表明，员工的年龄（Ferris, 1992）与组织政治知觉正相关；员工在组织中的等级地位（Drory, 1993）与组织政治知觉正相关。本书大样本中，21~30 岁员工与 30~40 岁员工合计 427 人，占总样本的 70.3%，员工年龄偏向年轻化；同时，一般职员和基层管理者合计 499 人，占总样本的 82.2%，被试员工在企业中的等级地位普遍偏低。因此，本书被试员工的组织政治知觉整体水平偏低，这就导致他们对于组织中的政治行为不够敏感，组织政治知觉通过影响员工沉默行为而对员工绩效产生影响的效果不明显。

第二，组织政治知觉在"威权领导→员工沉默行为→员工绩效"模型下，对员工绩效后续影响作用不明显。本书将员工绩效划分为任务绩效和周边绩效两个维度进行测量。在现实生活中，任务绩效是员工在岗时所必须完成的工作，它决定着员工的去与留，一个没有离职倾向的员工，即便会因为一些负面的情绪和行为降低任务绩效，但基于生存的压力考虑，这种降低影响也是有限的，因此，当员工任务绩效已经受到威权领导和员工沉默行为的损害后，组织政治知觉的后续影响可能会被削弱，因此，组织政治知觉通过影响员工沉默行为而对任务绩效产生影响的效果不明显；周边绩效的重点则在于员工背景、社会网络所起到的润滑作用，在现实生活中，无论员工的组织政治知觉高或低，都会为了巩固地位、打开晋升通道而经营和完善自身人脉关系，因此，组织政治知觉通过影响员工沉默行为而对周边绩效产生影响的效果不明显。

第三，被试者自身的顾虑。组织政治知觉的基础是员工追求自我利益最大化，而这种思想被归结为一种自私的负面心理，因此当员工填写问卷时，会有意识或无意识地回避对组织政治知觉题项的真实想法。这种行为可能造成实证研究中组织政治知觉通过影响员工沉默行为而对员工绩效产生影响的效果不明显。

(6) 责任感在模型中具有调节性的中介作用实证结果解释

从表 5-23 我们发现，当默许性沉默为中介变量时，责任感在威权领导与任务绩效之间直接效应 P_{YX} 差异值为 0.150，责任感在威权领导与周边绩效之间直接效应 P_{YX} 差异值为 -0.150，均没有显著性，这说明在该模型下责任感在主效应中不具有调节作用；表 5-24 表明，当防御性沉默为中介变量时，责任感在威权领导与周边绩效之间直接效应 P_{YX} 差异值为 -0.060，没有显著性，这说明在该模型下责任感在主效应中不具有调节作用；表 5-25 表明，当漠视性沉默为中介变量时，责任感在威权领导与任务绩效之间直接效应 P_{YX} 差异值为 0.120，责任感在威权领导与周边绩效之间直接效应 P_{YX} 差异值为 -0.120，均没有显著性，这说明在该模型下责任感在主效应中不具有调节作用。因此，根据表 5-23、表 5-24、表 5-25 的结果，责任感在威权领导和员工绩效之间不具有调节作用。

从上文的研究中我们知道，责任感在威权领导和员工沉默行为各维度之间具有调节效应。然而，责任感却未能通过影响员工沉默行为而对员工绩效产生影响。出现这种情况可能基于两点原因。

第一，被访人群自身的特点。Hackman（1975）的研究表明，员工的工作自主性与责任感之间存在正相关关系，而社会经济地位也会对责任感产生正向影响（Cramer, 1993）。上文提到本书中一般职员和基层管理者人数占总样本的 82.2%；在现实生活中，这两种职业级别的员工薪酬较低，在企业中地位较低，且主要任务是服从领导的指挥和命令，所以他们的工作自主性、社会经济地位不高。本书中被访员工责任感整体水平偏低，这导致了他们在面对威权领导时，很快会产生员工沉默行为。因此，责任感通过影响员工沉默行为而对员工绩效产生影响的效果不明显。

第二，员工责任感在"威权领导→员工沉默行为→员工绩效"模型下，对员工绩效后续影响作用不明显。上文提到任务绩效决定着员工的去与留，面对生存的压力，无论员工责任感强弱，都必须完成任务绩效，因此，责任感通过调节员工沉默行为的中介效应对任务绩效产生影响的效果不明显；同样，责任感强或弱的员工都会为了维护在组织中现有的地位和晋升的前景而经营人脉、关系，因此，责任感调节员工沉默行为的中介效应对周边绩效产生影响的效果不明显。

第六章 结论与展望

本书认为,威权领导对员工绩效的负向影响是明确的;员工沉默行为在威权领导与员工绩效之间具有中介作用;不同组织政治知觉和责任感的员工,在面对威权领导时会产生不同程度的员工沉默行为。在此基础上,本书就这两个调节变量在威权领导和员工绩效之间是否具有调节性的中介作用进行探讨。本章将对得到的结果进行整理和总结,并结合企业的实际情况,探讨本书给企业管理带来的启示,同时指出本书的不足之处,为后续的研究提供方向。

第一节 研究结论

1. 主要结论

通过对测量数据的处理和分析,我们对第一章绪论部分提出的三个问题进行了探讨与回答,得出结论如下。

(1) 威权领导、员工沉默行为与员工绩效三者间的作用机理

①威权领导与员工绩效

威权领导对员工绩效有显著负向影响,这一结论与张德伟(2001)、王锦堂(2002)、Wu 等(2012)等学者的研究结果相符。在我国企业中,由于受到传统文化的影响,员工的服从与顺从是从事工作的基础,而威权领导则更加注重对员工的控制,采取权力集中、隐瞒有价值的信息等方式抑制员工自身的发展,最终降低员工绩效。

②威权领导与员工沉默行为

威权领导对员工沉默行为有显著正向影响,这一结论与康乐乐

（2012）、张蓝戈（2014）、肖方鑫（2014）等学者的研究结论一致。本书研究的结果表明，在员工沉默行为的三个维度中，威权领导对默许性沉默影响最强，其次是防御性沉默、漠视性沉默，这可能源于默许性沉默的核心——员工对领导被动地服从，与威权领导的目标相一致。

③员工沉默行为与员工绩效

员工沉默行为对员工绩效有显著负向影响，这一结论与郑晓涛等（2008）、刘蕾（2009）、于桂兰和杨术（2014）等学者的研究结果相一致。本书研究结果表明，漠视性沉默对员工任务绩效和周边绩效的负向影响，要强于默许性沉默和防御性沉默对员工任务绩效和周边绩效的负向影响，这可能源于漠视性沉默的核心：员工冷漠麻木，对组织失望以至于产生对工作无所谓的态度。

④员工沉默行为的中介作用

关于员工沉默行为各维度中介效应的探究，本书研究结果表明，除了防御性沉默在威权领导和任务绩效间的中介效应不成立之外，其他的中介作用均成立。这表明，威权领导无法通过员工的防御性沉默对员工任务绩效产生影响。其原因可能在于，威权领导强调的是员工服从与顺从，而防御性沉默则是员工保护自己利益的主动性策略，同时任务绩效又是员工不得不完成的硬性指标，因此三者之间关系存在不确定性。此外，根据数据结果，默许性沉默在威权领导对任务绩效、周边绩效的影响中起到的中介效应最强，这可能源于威权领导目的和默许性沉默表现之间存在相关性。

（2）组织政治知觉在威权领导与员工沉默行为之间的调节作用

本书研究的结果表明，组织政治知觉在威权领导与员工沉默行为各维度之间均存在正向调节作用，即组织政治知觉越高的员工，在面对威权领导时越容易产生员工沉默行为。其中，组织政治知觉在威权领导与默许性沉默间调节作用最强，这表明，组织政治知觉越高的员工，越了解威权领导的核心思想是要求员工的顺从，从而表现出以顺从为主的默许性沉默行为。

（3）责任感在威权领导与员工沉默行为之间的调节作用

第五章的数据结果表明，责任感在威权领导和员工沉默行为各维度之间均存在负向调节作用，即责任感越强的员工，在面对威权领导时越不容易产生员工沉默行为。其中，责任感在威权领导与防御性沉默间的负向调节作用最强，这可能源于责任感强的员工对组织利益的重视程度要高于对自身利益的重视程度，因此责任感对以保护自身利益为目的的防御性沉默影响最大。

2. 其他结论

（1）组织政治知觉在威权领导和员工绩效间具有调节性的中介作用

本书的数据处理结果表明，在"威权领导→员工沉默行为→员工绩效"模型下，组织政治知觉虽然在威权领导与员工沉默行为各维度间具有正向调节作用，但是无法通过对员工沉默行为中介作用的影响而改变员工绩效。第五章将出现这种结果的原因归结为三点：被试人群自身的特点、组织政治知觉对员工绩效后续作用影响不明显、被访者自身的顾虑。

本书认为，在现实生活中，无论员工的组织政治知觉高与低，都会迫于生活的压力而完成任务绩效，同时出于巩固地位、打开上升通道的考虑而经营和完善自身人脉关系。但是，当员工面对威权领导而产生沉默行为后，在随着情绪耗竭、工作倦怠等负面影响降低员工绩效时，组织政治知觉对下降趋势中的员工绩效的影响变得微乎其微，即组织政治知觉对"威权领导→员工沉默行为→员工绩效"模型的调节作用不明显。因此，组织政治知觉通过影响员工沉默行为对员工绩效产生影响的效果不明显。

（2）责任感在威权领导和员工绩效之间具有调节性的中介作用

与组织政治知觉类似，在"威权领导→员工沉默行为→员工绩效"模型下，责任感虽然在威权领导和员工沉默行为各维度间具有负向调节作用，但是无法通过这种负向调节作用而改变员工绩效。第五章将出现这种结果的原因归结为两点：被试人群自身的特点，以及员工责任感对员工绩效后续作用影响不明显。

本书认为，在现实生活中，当员工面对威权领导产生沉默行为降低员工绩效时，即在"威权领导→员工沉默行为→员工绩效"模型下，责任感对下降趋势中的员工绩效的影响变得微乎其微。为了能更好地理解，组织政治知觉和责任感在威权领导和员工绩效之间有调节性的中介作用这种假设为何不成立，本书将员工面对威权领导产生沉默行为而降低员工绩效这一连续性过程比作"打滑梯":由于受到重力下滑趋势的影响,打滑梯的人无论采用何种动作、穿着何种材质的衣服,只会通过摩擦力的改变调整落地时间,而不会改变最终落地的结果。因此,员工的组织政治知觉、责任感虽然在威权领导和员工沉默行为之间起到调节作用,但是无法通过这种调节作用影响员工绩效。

第二节 理论贡献

1. 探究了威权领导和员工沉默行为对员工绩效的影响

郑伯埙(2000)所提出的家长式领导三元模型,将威权领导作为其中一个维度进行处理。在此之后,学者们对威权领导的研究也主要围绕以家长式领导为主的其中一个维度进行讨论。然而,这样做的缺陷在于:威权领导和仁慈领导、德行领导之间存在冲突性,不会同时存在于同一个领导身上(郑伯埙,2000)。同时,由于威权领导与仁慈领导或德行领导之间存在负相关关系,在测量中相互干扰,使得学者们对威权领导与员工绩效(邱木坤,2008;张德伟,2001;鞠芳辉,2007等)、威权领导与组织承诺感(郑伯埙,2002;李超平,2007)之间关系的研究结论相异。

通过对已有文献的整理,我们发现,家长式领导已经被证实广泛地存在于我国的各类型企业中(杨相中,2002;许逸华,2005;周浩,2006等)。同时,针对家长式领导、员工沉默行为和员工绩效关系研究的文献很多,所得出的结论也较为统一。然而在此类文章中,对威权领导的研究是将其作为家长式领导的一个维度进行的,因此,由于威权领导、员工沉默行为和员工绩效之间的关系受到了仁慈领导和德行领导的影响(郑伯埙,2000),有关研究所得结论可能存在差异。

本书认为,结合中国管理者与员工之间具有较明显的"上下级关系"和"权力距离"的文化背景,将威权领导作为一种独立的领导风格对我国企业进行实证研究是有实际意义的。本书在将威权领导作为一种独立领导风格的基础上,探讨威权领导、员工沉默行为和员工绩效之间的关系。

同时,本书把员工沉默行为划分为默许性沉默、防御性沉默、漠视性沉默三个维度，将员工绩效划分为任务绩效、周边绩效两个维度。研究结果表明，除了防御性沉默在威权领导和任务绩效间的中介效应不成立之外，其他的中介作用均成立。这说明，威权领导通过默许性沉默、漠视性沉默对员工绩效产生负面影响；同时，威权领导通过防御性沉默对员工周边绩效产生负面影响。

因此，本书研究的结果可以丰富在将威权领导作为一种独立领导风格的背景下，威权领导、员工沉默行为、员工绩效相互关系的研究。

2. 探究了组织政治知觉和责任感的调节效应

（1）组织政治知觉

在以往的研究中，缺少威权领导对员工沉默行为策略情景的解释，特别是在将威权领导作为一种独立领导风格的背景下，其与员工沉默行为关系情景因素的讨论。本书选取组织政治知觉这个变量，探讨不同组织政治知觉的员工在面对威权领导时的沉默行为。研究结果表明，组织政治知觉越高的员工，在面对威权领导时，越容易产生员工沉默行为，其中默许性沉默的表现尤为突出。该研究成果可以给威权领导和员工沉默行为之间的权变因素以更好的补充，为管理者带来启示。

（2）责任感

在以往的研究中，以责任感为调节变量的研究还处于起步阶段，这也给本书对责任感调节效应的判别带来了困难。在初期的理论框架中，笔者曾一度认为责任感作为一种正向的心理变量，在员工发生沉默行为时，会负向调节员工沉默行为对员工绩效带来的影响。然而，在探索性访谈期间，该模型受到了访谈对象的质疑。他们认为，员工产生沉默行为的根源在于情绪、责任心等积极态度的耗尽，探讨责任感在威权领导和员工沉默行为之间的调节作用将更有意义。

本书数据处理结果表明，责任感在威权领导和员工沉默行为各维度之间确实存在负向调节作用，责任感越强的员工，在面对威权领导时越不易产生员工沉默行为。该结论在丰富威权领导和员工沉默行为间权变因素的同时，也对以责任感为调节变量的模型进行了理论填充。

3. 探究了组织政治知觉和责任感是否有调节性的中介作用

本书研究的结果表明，虽然组织政治知觉、责任感在威权领导和员工沉默行为各维度间均存在显著调节作用，但是，这两个调节变量却未能通过对员工沉默行为中介效应的作用而进一步对员工绩效产生影响。

虽然数据结果并没有证实提出的理论假设，然而在数据处理的过程中，本书发现了意外的收获：第一，组织政治知觉在威权领导和员工绩效各维度间的 P_{YX} 差异值均不显著，这表明组织政治知觉在威权领导和任务绩效、周边绩效之间调节作用不明显；第二，组织政治知觉在员工沉默行为各维度和员工绩效各维度间的 P_{YM} 差异值也均不显著，这表明，组织政治知觉在员工沉默行为和员工绩效之间的调节作用不明显；第三，责任感在威权领导和员工绩效各维度间的 P_{YX} 差异值均不显著，这表明责任感在威权领导和任务绩效、周边绩效之间的调节作用不明显；第四，责任感在员工沉默行为各维度和员工绩效各维度间的 P_{YM} 差异值也均不显著，这表明责任感在员工沉默行为和员工绩效之间调节作用不明显。其中，第四点结论与探索性访谈期间被访者观点相一致。

因此，虽然本书关于组织政治知觉、责任感在威权领导和员工绩效关系之间具有调节性的中介作用的假设不成立，但是其研究结果可以作为后续从事相关变量研究的学者的参考依据。

第三节 管理启示与建议

管理理论研究的最终目的是指导组织的实践，本书以威权领导为独立领导风格，通过对威权领导、员工沉默行为、员工绩效之间关系、作用路径、权变因素的探讨，为企业的管理实践提供参考和建议。

员工沉默行为作为一种员工回避思考自己观点的行为，会让员工感到紧张、质疑自我的价值，并逐渐被组织边缘化，变得焦虑和有压力感，最终影响员工绩效，并给组织的利益带来危害。Carver 等（1985）认为，领导是导致员工沉默的最大因素，开放性的领导风格会抑制员工沉默行为的发生，非开放性的领导风格会促进员工沉默行为的发生（Premeaux 和 Bedeian，2003）。威权领导作为一种非开放性的独裁性、命令性的领导行为，会通过引起员工的沉默行为而降低员工绩效。

(1) 管理者的威权领导是影响员工沉默行为的重要原因

笔者的实证研究结果证实了威权领导广泛存在于各类企业中，而威权领导对默许性沉默、防御性沉默以及漠视性沉默均有显著正向影响（$\beta = 0.634$，$P < 0.001$；$\beta = 0.565$，$P < 0.001$；$\beta = 0.466$，$P < 0.001$）。这表明当员工面对威权领导时，会出现3种心理变化：消极顺从、保护自己利益、冷眼旁观。

在我国文化背景下，企业中的"上下级关系""权力距离"水平较高，领导者受法家、儒家思想的影响，倾向于对员工控制，而这种控制则会让员工感到认知失调、紧张，最终养成一味顺从领导的习惯。因此，威权型领导在指导员工工作时，可以适当地减弱对员工个人的控制，将其更改为对关键点和关键事件的控制，给予员工一定的自主性和空间，从而减少员工沉默行为的发生；同时，企业在选拔领导干部时，要对其领导风格和能力进行甄别，抛开"论资排辈"的陋习，尽量选取具有开放性领导风格的人选。

(2) 威权领导通过员工沉默行为影响员工绩效

本书结果表明，威权领导通过员工的默许性沉默行为、漠视性沉默行为降低员工绩效；通过员工的防御性沉默行为降低员工的周边绩效。因此，威权领导在现实管理过程中，为了抑制员工绩效的降低，不妨进行两方面考量。

第一，威而有信。明确员工的工作任务和岗位目标，严格按照奖罚制度对员工的任务绩效进行评定，让员工明白努力工作是获得奖励的唯一方式。至此，即便员工因为威权领导而产生员工沉默行为，却基于生存的压力、获得奖励的愿望而努力工作，提高任务绩效。

第二，培养员工。威权领导要重视对员工的培养，为员工描绘宏景和蓝图，打开员工的晋升通道，激发员工的升职意愿。至此，即便员工面对威权领导时会出现员工沉默行为，却基于对未来收益的期望，在持续地培养自己的人脉和社会背景来积攒力量的同时进一步对组织起到润滑作用。

(3) 威权领导要减少或隐匿组织中的政治行为活动

从对组织政治知觉的定义，我们知道，员工基于对组织政治行为的感知而产生了组织政治知觉，而组织政治知觉的基础则是个人利益的最大化，这会有损于组织的利益。当面对威权领导时，组织政治知觉越高的员工，也越容易产生员工沉默行为。威权领导在现实管理过程中，为了抑制员工组织政治知觉的影响，不妨进行以下四个方面的考量。

第一，招募新人。组织政治知觉是个体对一系列活动的感知（Kacmar 和 Baron，1999），刚入职的员工，接触到组织内政治行为的事件较少，组织政治知觉不易形成，在面对威权领导时，不易产生沉默行为。

第二，老员工轮岗。Ferris 等（1989）认为，组织政治知觉是个体对他人政治活动产生的知觉，老员工由于工作时间较长，对部门的运行、人事关系的认知较为清晰，因此具有较高的组织政治知觉。威权领导者将老员工进行轮岗后，新的工作环境和新的人际关系会抑制员工的组织政治知觉，员工会重新观察他人的政治活动而考虑如何博弈。

第三，用人以贤，而非用人以言。威权领导应尽量减少组织中的政治行为，对员工的奖励和晋升严格按照规定执行，对员工的衡量要以能力为标准，而不以与领导的亲疏为条件。让组织政治知觉较高的员工明白，只有努力工作才会得到奖励和晋升，一味地溜须附和无济于事。

第四，净化企业文化及风气。出台明确的惩罚机制，对企业内部政治行为进行治理，以从上到下的结构，从领导层级到员工层级进行宣传贯彻，在选拔等活动中严格以绩效考核为准。

(4) 培养员工的责任感能有效减少员工沉默行为

本书研究的结果表明，责任感作为一种正向的心理变量，会抑制威权领导对员工沉默行为的影响。责任感作为一种人格的特质（Goldberg，1993），与员工的道德良知密切相关，是对他人、集体承担责任的一种表现。因此，责任感较强的员工在面对威权领导时，出于对组织负责的态度，会减弱他们的员工沉默行为。在现实管理过程中，为了提高员工责任感，威权领导不妨进行以下三方面的考量。

第一，帮助员工理解工作的目的和意义。威权领导应该通过宣传、讲解的方式让员工对责任产生认知，对责任的认知越是清晰，就越能够将其转化为责任感,产生履行的动力,从而推动员工个体产生履行责任的行为。同时,应该采取定期培养的策略,让员工一直保持高的责任感水平。

第二,用人不疑。威权领导在赋予员工责任后,需要为员工提供所需的资源,并且作为员工坚强的后盾,在关键时刻给予员工帮助,以培养员工的组织支持感,进而增强员工的责任感。

第三,有学者研究表明,已婚的员工,出于对家庭的考虑,拥有较强的责任感(Barrick 等,1993;Henry 等,2001)。

第四节 研究局限及展望

1. 研究局限

本书探讨了威权领导对员工绩效的影响过程,但是,受研究资源和个人能力的限制,研究依旧存在局限性,有待在未来的研究中予以改进。

(1) 研究样本的局限性

从研究的样本来源看,第一,本书所选取的样本均来自长春地区的不同类型企业,本着便利原则和关系原则,并未做到随机抽取;第二,本书所收集到的数据都是由同一份问卷获得的,虽然采取了多群体问卷法、多来源问卷综合法,但是仍然难以避免无法控制的共同方法变异现象,后续的研究虽然进行了共同方法偏差检验,但对所研究变量的测量仍可能会有误差;第三,由于时间、精力的限制,本书所选取的企业仅限于长春地区,研究的样本具有一定的局限性。

(2) 调节变量间的影响关系

本书虽然证实了组织政治知觉和责任感的调节效应,但是并未考察两个变量同时作用给威权领导和员工沉默行为关系带来的影响。按照以往的研究范式,这一类型的研究可以按从高到低程度将员工分为 4 种类型:高组织政治知觉强责任感员工、高组织政治知觉弱责任感员工、低组织政治知觉强责任感员工、低组织政治知觉弱责任感员工,而不同类型的员工面对威权领导时,将会对员工沉默行为产生不同的影响,沉默的类型也将不同。

同时，本书只关注了威权领导和员工沉默行为之间的权变因素，对员工沉默行为和员工绩效之间权变因素的探究还需要在后续的研究中予以开展。

（3）员工沉默行为和员工绩效间权变因素的探讨

本书在初始模型中，认为员工责任感在员工沉默行为和员工绩效间起调节作用，然而这一观点受到了被访者的质疑。经过与所在研究小组成员和被访者的再三探讨，最终确认：在威权领导强化员工沉默行为的这一过程中，责任感的调节更具有实际的意义。因此，在本书中，对员工沉默行为与员工绩效间的作用路径并未涉及。然而，对组织政治知觉和责任感在威权领导和员工绩效之间有调节性的中介作用这一假设的验证，侧面证实了这两个调节变量在员工沉默行为与员工绩效间不存在调节性作用，这也为后续研究提供了参考。后续的研究将重点揭示员工沉默行为和员工绩效之间的权变因素。

（4）有调节的中介效应

在本书中，虽然所选取的组织政治知觉、责任感两个变量，在威权领导和员工沉默行为各维度间均起到了显著的调节作用，但是这两个变量对模型的主效应和后半段效应调节作用不显著，因此，组织政治知觉和责任感未能通过调节员工沉默行为的中介效应而对员工绩效产生影响。后续研究将进一步探讨其他调节变量在该模型内的调节效应。

2. 未来研究展望

（1）威权领导含义的演化

本书采用郑伯壎等（2000）对威权领导的定义，将威权领导划分为威服、专权、隐匿、严峻和教诲五个维度。在后续研究中，有的学者主张将威权领导中的负面解析剔除（Farh，2008等），有的学者主张威权领导应该从对员工的控制转移到对工作结果和组织制度的控制上来（Chiang，2012等）。本书认为，不同企业性质中的威权领导略有不同：国有企业更多的责任在于维护社会的稳定，因此国有企业的威权领导可能更看重对员工个人的控制，而私企、合资企业则以营利为目的，因此在私企等类型的企业中，威权领导可能更看重对员工绩效的控制。因此，未来对不同类型企业威权领导差异性的研究，仍需缜密的推演和严谨的实证检验。

（2）不同类型领导风格对员工沉默行为、员工绩效的影响

Premeaux 和 Bedeian（2003）认为，领导风格是促使员工沉默行为产生的主要原因。本书研究已证实，威权领导对员工沉默行为及其各维度具有显著正向影响，其中，威权领导对员工默许性沉默的影响作用，要强于对防御性沉默和漠视性沉默的影响作用。其他类型领导风格对员工沉默行为和员工绩效关系的影响，有待于在未来的研究中进一步探讨。

（3）员工沉默行为和员工绩效间的权变因素

本书研究结果证实，员工沉默行为对员工绩效具有显著负向影响。其中，漠视性沉默对员工的任务绩效和周边绩效影响最强。然而，本书却并未揭示员工沉默行为和员工绩效间的权变因素。在未来的研究中，员工沉默行为和员工绩效两者之间的关系，仍需进行实证检验。

参考文献

1. 宝贡敏、钱源源:《多层次视角下的角色外行为与团队创新绩效》,《浙江大学学报》(人文社会科学版)2009年第5期。
2. 蔡崇:《权威领导对员工沉默行为的影响:组织自尊的中介作用》,硕士学位论文,河南大学,2013。
3. 蔡居隆:《领导型态与主管效能之研究——以台湾南部邮政管理局为例》,台湾中山大学,2001。
4. 陈壁辉、周飞敏、吴旭英:《国内外组织政治知觉研究综述》,《新西部》(下半月)2008年第1期。
5. 陈东平:《跨国公司在华人才本土化及我国的应对策略》,《生产力研究》2008年第12期。
6. 陈晓萍、徐淑英、樊景立:《组织与管理研究的实证方法》,北京大学出版社,2012。
7. 陈学军、王重鸣:《绩效模型的最新研究进展》,《心理科学》2001年第6期。
8. 程美斌:《不同性质员工组织公平感、责任感与工作绩效的关系研究》,硕士学位论文,山东师范大学,2013。
9. 邓志华等:《服务型领导与家长式领导对员工态度和行为影响的比较研究》,《经济与管理研究》2012年第7期。
10. 段利:《员工沉默的负面影响及组织对策》,《经济研究导刊》2009年第24期。
11. 樊景立、郑伯埙:《华人组织的家长式领导:一项文化观点的分析》,《本土心理学研究》2000年第1期。

12. 风笑天：《社会学研究方法》（第三版），中国人民大学出版社，2009。
13. 龚雅婷：《家长式领导、组织文化、组织承诺、工作压力与组织绩效影响之研究——以台南地区员警为例》，硕士毕业论文，南华大学，2008。
14. 韩翼：《工作绩效与工作满意度、组织承诺和目标定向的关系》，《心理学报》2008年第1期。
15. 韩翼：《雇员工作绩效结构模型构建与实证研究》，博士学位论文，华中科技大学，2006。
16. 韩翼、廖建桥：《员工离职影响因素的实证研究》，《经济管理》2007年第11期。
17. 何轩：《为何员工知而不言——员工沉默行为的本土化实证研究》，《南开管理评论》2010年第3期。
18. 贺邵兵、周箴：《领导行为对员工组织政治知觉、组织承诺的影响》，《科学管理研究》2008年第4期。
19. 胡兵：《领导风格对员工沉默的影响研究》，硕士学位论文，江西财经大学，2010。
20. 黄光国：《儒家思想中的正义观》，《国家科学委员会研究汇刊：人文及社会科学》1991年第1期。
21. 黄隆民：《国小教师知觉政治行为之研究》，《初等教育研究集刊》（第3卷）1995年。
22. 黄坚生：《团队领导、团队形态对团队历程之影响研究》，硕士毕业论文，台湾中山大学，2002。
23. 黄文述：《企业员工责任心结构维度及其相关研究》，硕士学位论文，暨南大学，2006。
24. 贾娟宁：《企业员工沉默研究》，《中外企业家》2009年第9期（下）。
25. 贾真：《家长式领导风格、员工沉默与工作绩效的实证研究》，硕士学位论文，南京理工大学，2014。
26. 姜勇、庞丽娟：《幼儿责任心维度构成的探索性与验证性因子分析》，《心理科学》2000年第4期。
27. 蒋玮静：《试论薪酬设计中的公平与效率》，《经营管理者》2010年第1期。

28. 景保峰：《家长式领导对员工建言行为影响的实证研究》，中国财政经济出版社，2012。

29. 鞠芳辉：《民营企业变革型、家长型领导行为对企业绩效的影响研究》，博士学位论文，浙江大学，2007。

30. 瞿娇娇：《中国国有企业员工组织政治知觉对工作绩效的影响机制研究》，博士学位论文，南开大学，2014。

31. 康乐乐：《家长式领导、组织支持感与员工沉默的关系研究》，硕士学位论文，东北财经大学，2012。

32. 康晓然：《组织政治知觉及其对员工沉默的影响研究》，硕士学位论文，西南财经大学，2012。

33. 黎娟：《工作绩效：工作压力与应对方式的影响研究》，《社会心理科学》2014年第10期。

34. 李安民：《组织政治知觉对员工工作态度之影响》，硕士学位论文，台湾中山大学，2002。

35. 李宝元：《企业人力资本产权制度史论解析》，《财经问题研究》2002年第10期。

36. 李超平：《变革型领导和交易型领导的研究趋势》，载《第九届全国心理学学术会议文摘选集》，2001。

37. 李超平、孟慧、时勘：《变革型领导、家长式领导、PM理论与领导有效性关系的比较研究》，中国心理学会，《心理科学》2007年第6期。

38. 李焕荣、唐红瑞：《企业员工沉默行为研究述评及启示》，《企业活力》2011年第7期。

39. 李锐：《辱虐式领导对员工沉默行为的作用机制》，《经济管理》2011年第10期。

40. 李芝山：《探讨促进自主创新的企业文化策略》，《中外企业文化》2009年第8期。

41. 李宗波、王明辉：《威权领导对员工沉默行为的影响：一个有调节的中介效应模型》，《心理与行为研究》2018年第9期。

42. 梁艳：《国有企业员工工作满意度与工作绩效关系研究》，硕士学位论文，西南交通大学，2006。

43. 凌文辁、张治灿、方俐洛：《中国职工组织承诺的结构模型研究》，《管理科学学报》2000 年第 2 期。

44. 刘蕾：《组织沉默行为的动机分析及对个人绩效影响的实证研究》，硕士学位论文，西南财经大学，2009。

45. 刘燕：《心理契约违背对员工行为选择策略的影响机制研究》，博士学位论文，吉林大学，2014。

46. 刘智强、荆波：《组织政治行为对组织沉默的影响实证研究》，《预测》2008 年第 3 期。

47. 卢嘉慧：《变革型领导行为对员工沉默的影响研究》，硕士学位论文，广西大学，2014。

48. 卢瑞容：《战国时代"势"概念发展析探》，《台大历史学报》2000 年第 25 期。

49. 马冰：《知识型员工责任心与工作绩效的关系研究》，硕士学位论文，陕西师范大学，2010。

50. 马超、凌文辁、时勘：《组织政治认知对员工行为的影响》，《心理科学》2006 年第 6 期。

51. 马超、凌文辁：《企业员工组织政治认知量表的构建》，《心理学报》2006 年第 1 期。

52. 潘松挺、俞萍：《权威领导对员工沉默行为的影响机制研究——心理授权的中介效应》，《经济与管理》2014 年第 10 期。

53. 彭台光、高月慈、林钲棽：《管理研究中的共同方法变异：问题本质、影响、测试和辅助》，《管理学报》2006 年第 1 期。

54. 邱佳理：《家族企业中家长式领导与员工绩效的关系研究》，硕士学位论文，湘潭大学，2013。

55. 邱木坤：《家长式领导、组织文化与组织绩效关联模式研究——以台湾游艇业实证》，硕士学位论文，台湾成功大学，2008。

56. 邱盛林：《她向家族式管理说再见——光泽富明浮选厂厂长杨光英小记》，《福建税务》2001 年第 8 期。

57. 邱盛林：《转型式、家长式领导模式与效能之比较——以退辅会所机构人员为例》，硕士学位论文，台湾中山大学，2001。

58. 饶征、孙波：《以 KPI 为核心的绩效管理》，中国人民大学出版社，2002。

59. 宋琳婷：《大学生移情、社会责任心与内隐、外显利他行为的关系》，硕士学位论文，哈尔滨师范大学，2012。

60. 宋崎：《家长式领导对员工绩效影响的实证分析：基于"70"和"80"后代际员工视角》，硕士学位论文，上海交通大学，2011。

61. 孙汉银：《论组织行为学中的组织政治知觉》，《北京师范大学学报》（社会科学版）2004 年第 1 期。

62. 孙健敏、焦长泉：《对管理者工作绩效结构的探索性研究》，《人类工效学》2002 年第 3 期。

63. 孙利平：《企业组织德行领导的内容结构及其相关研究》，博士学位论文，暨南大学，2008。

64. 孙杨清：《国有企业员工责任感的构成及其与工作绩效的关系研究——基于 A 集团员工的实证分析》，硕士学位论文，华东师范大学，2014。

65. 谭燕：《从建立信任，到打破沉默——信任对员工沉默的影响机制分析》，《中国人力资源开发》2009 年第 6 期。

66. 陶建宏、冯胭：《组织政治氛围对新生代员工离职倾向的影响及治理路径》，《财会月刊》2020 年第 3 期。

67. 田书芹：《员工沉默的形成机理与应对之策——基于干扰生态理论的探讨》，《中国人力资源开发》2009 年第 6 期。

68. 万景霞：《事业单位员工责任感的实证研究》，硕士学位论文，重庆大学，2008。

69. 万舒超：《家长式领导、团队认同、关系、团队公民行为作用机制研究》，硕士学位论文，浙江大学，2010。

70. 王辉、李晓轩、罗胜强：《任务绩效与情境绩效二因素绩效模型的验证》，《中国管理科学》2003 年第 4 期。

71. 王锦堂：《人际和谐、领导行为与效能之探讨》，硕士学位论文，高雄医学大学，2002。

72. 温志毅：《工作绩效的四因素结构模型》，《首都师范大学学报》（社会科学版）2005 年第 5 期。

73. 吴孝慈：《组织政治知觉及其对组织承诺之影响》，硕士学位论文，台湾中山大学人力资源管理研究所，2001。

74. 吴宗佑：《主管威权领导与部属的工作满意度与组织承诺：信任的中介历程与情绪智力的调节效果》，《本土心理学研究》2008年第1期。

75. 务凯、赵国祥：《中国大陆地区家长式领导的结构与测量》，《心理研究》2009年第2期。

76. 肖方鑫：《家长式领导对公务员组织沉默的影响研究》，硕士学位论文，苏州大学，2014。

77. 肖文娥：《职中生可持续发展的三维素质结构的构建》，《职业技术教育》2001年第25期。

78. 熊斌、李策：《组织支持感对员工周边绩效的影响机制》，《领导科学》2020年第4期。

79. 熊英：《薪酬公平感、组织支持感与员工责任感关系研究——基于中小型企业的实证研究》，硕士学位论文，西南交通大学，2010。

80. 许逸华：《员工人格特质与主管家长式领导对工作绩效之影响——以银行理财销售人员为例》，硕士学位论文，台湾中央大学人力资源管理研究所，2005。

81. 严进：《周边绩效》，《外国经济与管理》1999年第5期。

82. 阎波、吴建南：《绩效问责与乡镇政府回应行为——基于Y乡案例的分析》，《江苏行政学院学报》2012年第2期。

83. 颜爱民、李莹：《高绩效工作系统能否抑制员工沉默》，《首都经济贸易大学学报》2020年第1期。

84. 杨国亮、卫海英：《家长式领导对组织创新绩效的影响》，《经济与管理研究》2012年第7期。

85. 杨杰、方俐洛、凌文辁：《对绩效评价的若干基本问题的思考》，《中国管理科学》2000年第4期。

86. 杨鹏、时勘、林振林：《威权型领导对员工建言与沉默的影响：多重中介模型》，《现代管理科学》2019年第4期。

87. 杨相中：《国防科技研发机构家长式领导与部门绩效之研究》，硕士学位论文，静宜大学，2003。

88. 杨自力：《责任感形成的机制探析》，《绍兴文理学院学报》（哲学社会科学版）2002年第2期。

89. 姚圣娟、邓亚男、郑俊虎：《中国背景下企业员工沉默行为的文化根源》，《华东经济管理》2009年第6期。

90. 叶云清：《领导风格对员工建言行为的影响研究》，硕士学位论文，南开大学，2011。

91. 衣宏涛：《领导风格对员工沉默行为影响研究》，硕士学位论文，辽宁大学，2012。

92. 于桂兰、杨术：《辱虐管理与员工绩效：员工沉默的中介作用》，《社会科学战线》2014年第4期。

93. 于海波、郑晓明、方俐洛、凌文辁、刘春萍：《如何领导组织学习：变革型领导与组织学习的关系》，《科学学与科学技术管理》2008年第3期。

94. 曾垂凯：《家长式领导与部属职涯高原：领导—成员关系的中介作用》，《管理世界》2011年第5期。

95. 曾崚：《组织沟通的深层探讨——员工表达意见和保持沉默的动机与原因分析》，《上海企业》2007年第1期。

96. 张德：《企业文化建设》，清华大学出版社，2004。

97. 张德伟：《案例：论组织结构与组织沟通的权变过程——广东电力发展股份有限公司增发A股案例分析》，硕士学位论文，暨南大学，2001。

98. 张红丽、冷雪玉：《组织政治知觉、心理安全与劳务派遣员工沉默行为：中国情境下的实证研究》，《人力资源》2015年第6期。

99. 张蓝戈：《家长式领导、员工信任及工作绩效的关系研究》，硕士学位论文，吉林大学，2015。

100. 张蕾等：《真实型领导对下属真实型追随的影响——基于认同中介和组织政治知觉调节作用的研究》，《经济管理》2012年第10期。

101. 张萌萌：《领导—成员交换、组织公正与员工沉默行为的关系研究》，硕士学位论文，南京师范大学，2014。

102. 张敏：《关于员工沉默行为类型划分的一点新思考》，《商业文化》（学术版）2009年第9期。

103. 张新安等：《家长式领导行为对团队绩效的影响：团队冲突管理方式的中介作用》，《管理世界》2009年第3期。

104. 张月：《员工心理所有权对知识共享的影响——组织政治知觉的调节效应》，硕士学位论文，南京师范大学，2014年。

105. 赵冰：《组织支持与组织沉默的关系研究》，硕士学位论文，河南大学，2007年。

106. 赵春莲：《中国背景下企业组织沉默行为的现状及对策研究》，硕士学位论文，重庆大学，2010年。

107. 赵国祥：《领导者信任理论述评》，《心理学探新》2004年第4期。

108. 赵兴奎：《责任和责任心的涵义与结构》，《山西财经大学学报》（高等教育版）2007年第1期。

109. 郑伯埙：《家长式领导：再一次思考》，《本土心理学研究》2000年第13期。

110. 郑伯埙、姜定宇：《华人组织中的主管忠诚主位与客位概念对员工效能的效果》，《本土心理学研究》2000年第14期。

111. 郑伯埙、周丽芳、樊景立：《家长式领导三元模式的建构与测量》，《本土心理学研究》2000年第14期。

112. 郑伯埙、周丽芳、黄敏萍：《家长式领导的三元模式中国大陆企业组织的证据》，《本土心理学研究》2003年第20期。

113. 郑金洲、李冲锋：《中国领导学：进展、问题与趋向》，《中国浦东干部学院学报》2007年第1期。

114. 郑晓涛、柯江林、石金涛、郑兴山：《中国背景下员工沉默的测量以及信任对其的影响》，《心理学报》2008年第2期。

115. 郑晓涛、石金涛、郑兴山：《员工沉默的研究综述》，《经济管理》2009年第3期。

116. 郑晓涛、郑兴山、石金涛：《透视员工沉默》，《企业管理》2006年第12期。

117. 周浩：《结合工作特点谈谈对人力资源管理的认识》，《企业家天地》2006年第3期。

118. 周丽芳、郑伯埙、陈静慧等：《华人高阶管理者网络中的图书连带与人际情感：深层心理契合与正式工作关系的效果》，《本土心理学研究》2005 年第 23 期。

119. 周路路、张戍凡、赵曙明：《领导—成员交换、中介作用与员工沉默行为——组织信任风险回避的调节效应》，《经济管理》2011 年第 11 期。

120. 周婉茹：《专权与威权领导的效果：心理赋能的中介与仁慈领导的调节》，第 48 届台湾心理学年会论文，台湾大学心理学研究所，2009。

121. 朱芳：《基于 PCA（心理资本增值）的员工责任感提升研究——以 DD 财产保险公司电子商务山东分中心为例》，硕士学位论文，青岛科技大学，2014。

122. 朱智贤：《反映论与心理学》，《北京师范大学学报》1989 年第 1 期。

123. Allworth et al.. Adaptive Perfomance：Updating the Criterion to Cope With Change. Pper presented ar the 2nd Australian Industrial an Organizational Psychology Conference, Melbourne, 1997.

124. Anderson, J. R., "The Role of Hope in Appraisal, Social-setting, Expecyancy and Coping" in Darid, F. et al., Social Cognitive Psychology Plenum Press, New York, 1997.

125. Argyris, C.: "Double Loop Learning in Organizations". Harvard Business Review, Vol. 55, No. 5, 1977: 115 – 29.

126. Aryee S., Chen Z. X., Sun L. Y., Debrah Y. A. Antecedents and Outcomes of Abusive Supervision: Test of a Trickle-down Model. Journal of Applied Psychology. 2007 Jan., 92（1）: 191.

127. Asch S. E.: Effects of Group Pressure upon the Modification and Distortion of judgments. Carnegie Press, 1951.

128. Ashforth, B. E. and Humphrey, R. H.: Labeling Processes in the Organization: Constructing the Individual. Research in Organizational Behavior.
Greenwich, CT: JAI Press, 1995: 413 – 461.

129. Aycan Z. Paternalism: Towards Conceptual Refinement and Operationalization. Scientific Advances an Indigenous Psychologies: Empirical, Philo-

sophical, and Cutural Contributions (London: Cambridge University Press, 2006), 2006: 4-45.
130. Bandura, A., Social Foundations of Thought and Action: A Social Cognitive Theory, Englewood Cliffs, NJ: Prentice-Hall, 1986.
131. Barrick M. R., Mount M. K., The Big Five Personality Dimensions and Job Performance: A Meta2Analysis. Personnel Psychology, 1991, 44: 1-26.
132. Baron, R. M., Kenny, D. A., The Moderator-mediator Variable Distinction in Social Psychological Research: Conceptual, Strategic and Statistical Considerations, Journal of Personality and Social Psychology, 51 (6): 1173-1182, 1986.
133. Barry B., Stewart G. L.: Composition, Process, and Perform ance in Self-managed Groups: The Role of Personality. Journal of Applied Psychology, Vol. 82, No. 1, 1997: 62-78.
134. Bellah, R. N., Father and son in Christianity and Confucianism. In R. N. Bellah (ED.), Beyond belief: Essays on religion in a post-traditional world. New York: Harper and Row, 1970.
135. Bernardin. Performance Appraisal: Assessing Human Behavior at work. Boston: Kent Publish, 1984.
136. Bernardin H. J, Beatty R. W. Performance Appraisal: Assessing Human Behavior at Work. Kent Human Resource Management, 1984.
137. Blau, P. M., Exchange and Power in Social Life. New York: Wiley, 1964.
138. Block P., The Empowered Manager: Positive Political Skills at Work. Jossey-Bass, 1987.
139. Borman and Motowidlo. Expanding the Criterion Domain to Include Elements of Contexual Performance. NewYork: Jossey-Bass, 1933, 56-149.
140. Borman, W. C., and Motowidlo, S. J., Expanding the Criterion Domain to include Elements of Contextual Performance. Personnel Selection in Organizations. San Francisco: Jossey-Bass, 1993: 71-98.
141. Bowen, Spirals of Silence: The Dynamic Effects of Diversity on Organiza-

tional Voice. Journal of Management Studies, 2003 (9) 1393 – 1417.
142. Brent W. R., Olekasandrs, Stephen, Lewisr.: The Structure of Conscientiousness an Empirical Investigation Based on Seven Major Personality Questonnaries. Personnel Psychology, Vol. 58, 2005: 103 – 139.
143. Brodsky A. M., Others A. Development of the Attitudes Toward Feminist Issues Scale. . Measurement and Evaluation in Guidance, 1976: N/A.
144. Brumbrach, Performance Management. London: The Cronwell Press, 1988: 15.
145. Buzzanell P. M., Gaining a Voice Feminist Organizational Communication Theorizing. Management Communication Quarterly, 1994 May 1, 7 (4): 339 – 83.
146. Campbell, J. P. Modeling the Performance Prediction Problem in Industrial and Organizational Psychology. Handbook of industrialand organizational psychology, Vol. 1, 1990: 687 – 732.
147. Campbell, J. P., An overview of Army Selection and Classification Project (Project A). Personnel Psychology, No. 43, 231 – 239.
148. Campbell, J. P., Modeling the performance prediction problem in a population ofjob. Peraonnel Psychology, No. 43, 1990: 313 – 333.
149. Campbell, J. P., McCloy, R. A., Oppler, S. H., and Sager, C. E., A Theory of Performance. Personnel Selection in Organizations. San Francisco: Jossey-Bass. 1993: 35 – 70, 71 – 98.
150. Carver, C. S., Antonio, M., and Scheier, M. F., Selfconsciousness and self-assessment. Journal of Personality and Social Psychology, Vol. 48, 1985: 117 – 124.
151. Chan, W. S., A Source book in Chinese Philosophy. Princetion, N. J.: Princeton University Press.
152. Cheng B. S., Chou L. F., Wu T. Y., Huang M. P., Farh J. L., Paternalistic Leadership and Subordinate Responses: Establishing a Leadership Model in Chinese Organizations. Asian Journal of Social Psychology, 2004, (7): 89 – 117.

153. Chiang and TingJu, Two Faces of a Control Freak: Decomposing Authoritarian Leadership and its Effects on Work Unit Effectiveness. 2012, Washington D. C. : University of Washington.

154. Chandra T, Priyono P. The Influence of Leadership Styles, Work Environment and Job Satisfaction of Employee Performance—Studies in the School of SMPN 10 Surabaya. International Education Studies, 2015, 9 (1): 131.

155. Christie R. , Geis F. L. -Studies in Machiavellianism. Studies in Machiavellianism, 1970: 400 – 407.

156. Cialdini R. B. , Goldstein N. J. , Social influence: compliance and conformity. . Annual Review of Psychology, 2004, 55 (1): 591 – 621.

157. Colquitt J. A. , Justice at the millennium: A meta-analytic review of 25 years of organizational justice research. Journal of Applied Psychology, 2001, 86: 425 – 445.

158. Linn Van Dyne, Soon Ang, Isabel C, Botero. Conceptualizing Employee Silence and Employee Voice as Multidimensional Constructs. Journal of Management Studies, 2003, 40 (6): 1359 – 1392.

159. Conlee, M. C. , Tesser, A. : The effects of recipient desire to hear on news transmission. Sociometry, Vol. 4, 1973: 588 – 599.

160. Costa P. T. , Jr. , and McCrae R. R. : Revised NEO Personality Inventory (NEO PI-R) and the NEO Five-Factor Inventory (NEO-FFI) professional manual. Psychological Assessment Resources, 1992.

161. Chun-Pei Lin, Mei-Zhen Lin, Yi-Bin Li, An empirical study on the effect of paternalistic leadership on employees' voice behaviors -the intermediary role of psychological empowerment, Journal of Interdisciplinary Mathematics, 2015.

162. Crandall V. C. , Katkovsky W. , Crandall V. J. , Children's Beliefs in Their own control of reinforcements in intellectual-academic achievement situations. Child development, 1965: 91 – 109.

163. Cramer, J. M. , & Roes, B. Total employee involvement: Measures for

success [J]. Environmental Quality Management, 1993 (1): 39 – 52.
164. Cropanzano The Relationship of Organzational Politics and Support to Work Behaviors, Attitudes, and Stress. Journal of OrganzaitonalBehavior, 1997, 18 (2): 159 – 180.
165. C. Wu, C. Zhu, The Relationship between the Perceptions of Organizational Politics and Knowledge Sharing, Public Administration and Policy Review, 2014.
166. Dileep and Alagappar and Govindarajo, The impact Of organisational Silence on Job Stress, Organisational Commitment And Intention To leave Among expatriate employees. Australian Journal of Basic and Applied Sciences, 9 (29) Special 2015, Pages: 1 – 8.
167. Drory, A.. Perceived Political Climate and Job Attitudes. Organization Studies, 1993, 14 (1): 59 – 71.
168. Dunn R., Griggs SA, Olson J, Beasley M, Gorman BS. A meta-analytic validation of the Dunn and Dunn model of learning-style preferences. The Journal of Educational Research. 1995 Jul 1, 88 (6): 353 – 362.
169. Dutton, J. E., Ashford, S. J., O'Neill, R. M., Hayes, E. and Wierba, E. E.: Reading the Wind: How Middle Managers Assess the Context for Selling Issues to Top Managers. Strategic Management Journal, Vol. 18, 1997: 407 – 425.
170. Dyne, L. V., Ang, S., Botero, I. C., Conceptualizing Employee Silence and Employee Voice as Multidimensional Constructs, Journal of Managerial Studies, 9: 1359 – 1392, 2003.
171. Edmondson: Speaking Up in the Operating Room: How Team Leaders Promote Learning in Interdisciplinary Action Teams. Journal of Management Studies, Vol. 40, No. 6, 2003: 1419 – 1452.
172. Eisenberger R, Huntington R. Perceived Organizational Support, Journal of Applied Psychology, 1986 (3): 500 – 507.
173. Eisenberg E. M., Witten M. G., Reconsidering Openness in Organizational Communication. Academy of Management Review, 1987, 12

(3): 418 - 426.

174. Ekin K. Pellegrini, Terri A. Scandura: Paternalistic Leadership: A Review and Agenda for Future Research. Journal of Management, Vol. 34, No. 3, 2008: 566 - 593.

175. Elliot A. J., Devine P. G., On the motivational nature of cognitive dissonance: Dissonance as psychological discomfort. . Journal of Personality and Social Psychology, 1994, 67 (3): 382 - 394.

176. Eran Vigoda, Internal Politics in Public Administration Systems: Anempirical Examination of Its Relationship with Job Congruence, Organizational Citizenship Behavior, and In-role Performance. Pubilc Personnel Management, 2000, 2: 185 - 201.

177. F. Jalal-Eddeen, Role of Leadership on Employee Performance, 2015, LAP LAMBERT Academic Publishing.

178. Farh, J. L., and Cheng, B. S: A Cultural Analysis of Paternalistic Leadership in Chinese Organizations. Management and organizations in the Chinese context. 2000: 84 - 127.

179. Farh, J. L., Cheng, B. S., Chou, L. F., and Chu, X. P.: Authority and Benevolence: Employees' Responses to Paternalistic Leadership in China. China's Domestic Private Firms: Multidisciplinary Perspectives on Management and Performance, 2006: 230 - 260.

180. Farh, J. L., Hackett Rick, Chen: Organizational Citizenship Behavior in the Global World The Handbook of Cross-cultural Management Research. Thousand Oaks, Calif. : Sage Publications, 2008: 165 - 184.

181. Ferris et al., Myths and Politics in Organzitional Contexts. Group and Organizational Studies, 1989, 14 (1): 88 - 103.

182. Ferris et al., Politics in Human Resource Decisions: A Walk on the DARK Side. Organizational Dynamics, 1991, 20 (2): 59 - 71.

183. Ferris et al., Perceptions of Organizational Politics. Journal of Management, 1992, 18 (1: 93 - 116.)

184. Ferris et al., Organizational PoliticsLThe Nature Of The Relationship Be-

tween Politics Peceptions And Political BehaviorLResearch in the Sociology of Organizations, 2000, 17 (17): 89 – 130.
185. Festinger, A theoryof social comparison processes. Human Relations, 1954 (7): 117 – 140.
186. Fiedler, Fred Edward, and Martin M. Chemers, "A theory of leadership effectiveness." McGRAW-HILL: (1967).
187. Fong, Gordon Kwok Tung (2001), Public Participation in Hong Kong: Case Studies in Community Urban Design (China). Thesis (Ph. D.) Chinese University of Hong Kong (People's Republic of China).
188. Freud S., Breuer J., Studies on hysteria. Hogarth Press: Institute of Psycho-Analysis, 1955.
189. Fuller, J. B., Barnett, T., Hester, K., Relyea, C. An Exploratory Examination of Voice Behavior from an Impression Management Perspective. Journal of Managerial issues, 2007, VoL. XIX (1): 134 – 151.
190. Furnham A., Stringfield P. Personality and work performance: Myers-Briggs Type Indicator Correlates of Managerial Performance in Two Cultures. Personality and Individual Differences, 1993, 14 (1): 145 – 153.
191. Furnham A. The future (and past) or Work Psychology and Organisational Behaviour: A personal view. Management Review. 2004; 15 (420): 436.
192. Gaines Jr S. O., Ickes W. Perspectives on interracial relationships, 1997.
193. Galton F. Hereditary genius. Macmillan and Company, 1869.
194. GF Shi, L Wang, Research on Employees' Behavior of Silence and Voice based on Organizational Identification, Commercial Research, 2014.
195. Ghiselli E. E., The Validity of Occupational Aptitude Tests. Administrative Science Quarterly, 1966.
196. Gilligan, C., In a Different Voice: Psychology Theory and Women's Development, Cambridge, MA: Harvard University Press, 1982.
197. Gilley J. W., Gilley A. N. N., Developmental-servant Leadership For Human Resource Professionals. Leadership: Succeeding in the Private, Public, and Not-for-profit Sectors, 2005: 239.

198. Githui M., Effects of Organizational Culture on Employee Job Performance: A Case Study of Ericsson Kenya Limited. United States International University-Africa, 2015.
199. Goldberg, L. R., The Structure of Phenotypic Personality Traits. American Psychologist, Vol. 48, 1993: 26-34.
200. Graen, G. B., Scandura, T. A., Towards a psychology of dyadic organization In L. L. Cummings and B., M. Staw (Eds.) Research in organizational behavior, 1987, 9: 175-208.
201. Harvey, Jerry B. Organization Development As a Religious Movement, Training and Development Journal; 1974, Vol. 28 Issue 3, p. 24.
202. Hayes, T. L., Roehm, H. A., and Castellano, J. P., Personality correlates of success in total quality manufacturing. Journal of Business and Psychology, 1994, 25 (4), 397-411.
203. Hersey P., Blanchard K. H., Management of organizational behavior. Englewood Cliffs, N. J.: Prentice-Hall, 1969.
204. Hofstede, Culture's Consequences: International Differences in Work-Related Values. Administrative Science Quarterly, Vol. 28, No. 4, 1980: 625-629.
205. Hofstede, G. Culture's Consequences: Comparing values, behaviors, institutions, and organizations across nations. Thousand Oaks, CA: Sage.
206. Hobfoll S. E, Lilly R. S.: "Resource conservation as a strategy for community psychology", *Journal of Community Psychology*, 1993, 21 (2): pp. 128-148.
207. Hochwarter, Perceptions of organizational politics as a moderator of the relationship between conscientiousness and job performance. Journal of Applied Psychology, 2000, 85, 472-478.
208. Hogan, R., and and Shelton, D., A socioanalytic Perspective on Job Performance. Human Performance, 11 (3). 1998: 129-144.
209. Hough, L. M., Ones, D. S., The Structure, Measurement, validity, and use of personality variables in industrial work, and organizational psy-

chology. In Anderson N. , Ones DS, Sinangil HK. Viswesvaran C (Eds,), Handbook of Industrial, Work and Organizational Psychology (Vol. I. pp. 233 - 277). Sage, CA: Consulting Psychologists Press.

210. Huang X. , Vliert E. V. , Vegt G. V. : Break the Silence: Do Management Openness and Employee Involvement Raise Employee Voice Worldwide? . Academy of Management Proceedings, 2003: k1 - k6.

211. Hunt, Generic Work Behavior: An Investigation into the Dimensions of Entry, Hourly Job Performance. Personnel Psychology, 1996, 49 (1): 51 - 83.

212. Janssen O. , Van Yperen N. W. , "Employee Goal Orientations, the Quality of Leader-member Exchange, and the Outcomes of Job Performance and Job Satisfaction". Academy of Management Journmal, 2004, 47 (3): 368 - 384.

213. Janis I. L. , Victims of Groupthink: a Psychological Study of foreign-policy Decisions and Fiascoes, 1972.

214. Jeffrey A. L. , Linn V. D. : Voice and Cooperative Behavior as Contrasting forms of Contextual Performance: Evidence of Differential Relationships with big Five Personality Characteristics and Cognitive Ability. Journal of Applied Psychology, 2001, 86 (2): 326 - 336.

215. Johannesen R. L. , "The Functions of Silence: A Plea for Communication Research". Western Speech Journal, 1974 (2): 25 - 35.

216. Kacmar and Baron. Organizational PoliticsLThe State of the Field, Links to Related Processes, and an Agenda for Future Research. In K. M. Rowland, G. R. Ferris (Eds.) . Research in Persionnel and HumanResources Management, CT: JAI Press, Stanford, 1999, 10: 1 - 39.

217. Kacmar K. M. , Carlson D. S. , "Further Validation of the Perceptions of Politics Scale (Pops): A Multiple Sample Investigation". Journal of Management, 1997, 23 (5): 627 - 658.

218. Katz D. , Kahn R. L. , The Social Psychology of Organizations. Administrative Science Quarterly, 1966 (4): 398.

219. Khalid and Ahmed, "Perceived Organizational Politics and Employee Silence: Supervisor Trust as a Moderator." Journal of the Asia Pacific Economy, 2015: 1-22.

220. Kiazad K., Restubog S. L. D., Zagenczyk T. J., et al., "In pursuit of power: The role of authoritarian leadership in the relationship between supervisors' Machiavellianism and subordinates' perceptions of abusive supervisory behavior". Journal of Research in Personality, 2010, 44 (4): 512-519.

221. Kirchmeyer C., "A Profile of Managers Active in Office Politics". Basic and Applied Social Psychology, 1990, 11 (3): 339-356.

222. Lepine, Dyne, "Effects of Individual Differences on the Performance of Hierarchical Decision-making Teams: Much More than g." Journal of Applied Psychology, Vol. 82, No. 5, 1997: 803-811.

223. Lambert W. E., Lowy F. H., Effects of the Presence and Discussion of Others on Expressed Attitudes.. Can J Psychol, 1957, 11 (3): 151-156.

224. Laeeque, Employee Silence as a Determinant of Organizational Commitment: Evidence from the Higher Education Sector of Pakistan. European Journal of Business and Management, 2014.

225. LePine J. A., Dyne L. V.: Voice and cooperative behavior as contrasting forms of contextual performance: evidence of differential relationships with big five personality characteristics and cognitive ability. Journal of Applied Psychology, Vol. 86, No. 2, 2001: 326-336.

226. Lee C., Pillutla M., Law K. S., "Power-Distance, Gender and Organizational Justice". Journal of Management, 2000, 26 (4): 685-704.

227. Lejuez, C., Roberts, B. W., Krueger, R. F., Richards, J. M., and Hill, P. L., "What Is Conscientiousness and How Can It Be Assessed?" Developmental Psychology, (2012), 10, 1037.

228. Levinson H., Reciprocation: The Relationship Between Man and Organization. Administrative Science Quarterly, 1965, 9 (4): 370-390.

229. Linn Van Dyne, Soon Ang and Isabel C. Botero: Conceptualizing Employee Silence and Employee Voice as Multidimensional Constructs".

Journal of Management Studies, Vol. 40, No. 6, 2003: 1359 – 1392.

230. Lirkert, R., The human organization, McGraw-Hill, New York, 1967

231. Lind E. A., Tyler T. R., Procedural Justice in Organizations// The Social Psychology of Procedural Justice. Springer US, 1988: 173 – 202.

232. Lipman-Blumen J., "Toxic leadership: When Grand Illusions Masquerade as Noble Visions". Leader to Leader, 2005, 2005 (36): 29 – 36.

233. Liu D., Liu J., Kwan H. K., et al., "What Can I Gain as a Mentor? The Effect of Mentoring on the Job Performance and Social Status of Mentors in China". Journal of Occupational and Organizational Psychology, 2009, 82 (4): 871 – 895.

234. Lu, L., Kao, S. F., Siu, O. L., and Lu, C. Q., Work stressors, Chinese Coping Strategies, and job Performance in Greater China". International Journal of Psychology, 45 (4), 294 – 302.

235. MA Bodla, T. Afza, R. Q., Danish, "Perceived Organizational Politics and Employee Morale: Mediating Role of Social Exchange Perceptions in Pakistani Organizations", uropean Online Journal of Natural and Social Sciences, 2015, Vol. 4, No. 1, pp. 66 – 75.

236. Madrid, Patterson, Leiva, Negative Core Affect and Employee Silence: How Differences in Activation, Cognitive Rumination, and Problem-Solving Demands Matter, Journal of Applied Psychology, 2015, in press (6).

237. March J. G., "Exploration and Exploitation in Organizational Learning". Organization Science, 1991, 2 (1): 69 – 81.

238. Maslow A. H., Green C. D., "A theory of human motivation". Psychological Review, 1943, 50 (1): 370 – 396.

239. Masterson, S. S., Lewis, K., Goldman, B. M., and Taylor, M. S., "Lntegrating Justice and Social Exchange: The Differing Effects of Fair Procedures and Treatment on Work Relationships". Academy of Management Journal, 43 (6), 738 – 748.

240. Michael Armstrong, Angela Baron, "Performance Management", Lon-

don: The Cromwell Press, 1998: pp. 15 - 41.
241. Michael C. Ashton., "Personality and Job Performance: the Importance of Narrow Traits". Journal of Organ Dysfunction, Vol. 19, No. 3, 1998: 289 - 303.
242. Milliken, Morrison, "An Exploratory Study of Employee Silence: Issues that Employees Don't Communicate Upward and Why". Journal of Management Studies, Vol. 40, No. 6, 2003: 1453 - 1476.
243. Milliken, Morrison, "Organizational Silence: A Barrier to Change and Development in a Pluralistic World". Academy of Management Review, 2000, 9, pp. 706 - 725
244. Mount, Barrick, "The Big Five Personality Dimensions and Job Performance: a meta-analysis". Personnel Psychology. Vo. 44, No. 1, 1991: 1 - 26.
245. Mooghali and Bahrampour, "Analyzing Relationships Between Perceived Silence Climate, Employee Silence Behavior and Job Attitudes". International Journal of Academic Research, 2015.
246. Moon, H., "The Two Faces of Conscientiousness: Duty and Achievement Striving in Escalation of Commitment Dilemmas". Journal of Applied Psychology, 2001, 86, 533 - 540.
247. Moorhead G., Montanari J. R., "An Empirical Investigation of theGroupthink Phenomenon. Human Relations", 1986, 39 (5): 339 - 410.
248. Motowildo S. J., "A Theory of Individual Differences in Task and Contextual Performance". Human Performance, 1997, 10 (2) (2): 71 - 83.
249. Mount, Barrick, "Automomy as a Moderator of the Relationship between the Big Five Personality Dimensions and Job Performance". Journal of Applied Psychology, Vol. 78, 1993: 111 - 118.
250. Murphy, K. R., "Dimensions of job performance", Testing: theoretical and Applied Perspectives. NewYork: Prager. 1989: 218 - 247.
251. Mungai F., Effects of Teamwork on Employee Performance: A Case Study of Family Bank Kenya, 2015.

252. Mwanzia G. , Effects of Change on Employee Performance in Organizations, 2015.

253. Nemeth, "Managing Innovation: When Less is More". California Management Review, Vol. 40, 1997: 59 - 74

254. Newcomb T. M. , "The Acquaintance Process//The Acquaintance Process. Holt, Rinehart and Winston, 1961.

255. N. Li and J. Du, "Effectiveness of authoritarianism: When it comes to have-to and willing-to situations", ACAD Manage PROC January 2015 (Meeting Abstract Supplement).

256. Noelle-Neumann E. , "The Spiral of Silence". Journal of Communication, 1974, 24 (2): 43 - 51.

257. Nunnally, J. C. , Psychometric Theory, New York: McGraw Hill Book Co. 1978.

258. Nye L. G. , Witt L. A. , "Dimensionality and Construct Validity of the Perceptions of Organizational Politics Scale (Pops)". Educational and Psychological Measurement, 1993, 53 (53): 821 - 829.

259. O. M. Karatepe, "Perceptions of Organizational Politics and Hotel Employee Outcomes: The Mediating Role of Work Engagement", International Journal of Contemporary Hospital, 2013, 25 (1): 82 - 104.

260. Organ D. W. , Organizational Citizenship Behaviors: the Good Solder Syndrome. Lexington, MA: LeXington Books, 1988: 147.

261. Pateria P. , "Role of Emotional Aptitude on Employee's Performance". Global Journal of Multidisciplinary Studies, 2015, 4 (6).

262. Paul, S. , Seetharaman, p. Samarah, I. , Mykytyn, P. P. , "Impact of Heterogeneity and Collaborative Conflict Management Style on Performance of Synchronous Global Virtual Team". Information and Management, 2004, 41 (3): 303 - 321.

263. Peabody, D. and Raad, B. D. , "The Substantive Nature of Psycholexical Personality Factors: A Comparison Across Languages". Journal of Personality and Social Psychology, 2002, 83 (4): 983 - 997.

264. Pellegrini, E. K. and Scandura, T. A., "Leader-member exchange (LMX), Paternalism and Delegation in the Turkishbusiness Culture: An empirical investigation". Journal of International Business Studies, Vol. 37, No. 2, 2006: 264 - 279.
265. Pellegrini, E. K., Scandura, T. A., Jayaraman, V., "Generalizability of the Paternalistic Leadership Concept: A Cross-cultural Investigation". St. Louis: University of Missouri-St. Louis. 2007.
266. Pfeffer., "Powerin Organizations". Boston: Pitman, 1981: 1 - 22
267. Pinder, Harlos, "Employee Silence: Quiescence and Acquiescence as Responses to Perceived Injustice". Research in Personnel and Human Resources Management, Publisher: JAI Press, 2001: 331 - 369.
268. P. Liu and H. Wang, "Study on Authoritarian Leader-Member Relationship". Journal of US-China Public Administration. April 2015, Vol. 12, No. 4, 304 - 313.
269. Premeaux, S. F. and Bedeian, A. G., "Breaking the Silence: themoderating Effects of Self-monitoring in Predicting Speaking Up in the Workplace". Journal of Management Studies, 2003 (40): 1537 - 1562.
270. Porter, "Organizations as Political Animals. Division of Industrial-Organizational Psychology. 84th Annual Meeting of the American Psychological Association. Washington, D. C., 1976.
271. Podsakoff, N. P., MacKenzie, S. B, Less, "Common Method Biases in Behavioral Research: Acritical Review of the Literature and Recommended Remedies". Journal of Applied Psychology, 2003, 88, 879 - 903.
272. Pulakos E. D., Arad S., Donovan M. A., et al., "Adaptability in the Workplace: Development of a Taxonomy of Adaptive Performance". Journal of Applied Psychology, 2000, 85 (85): 612 - 24.
273. P. Zientara, "Corporate Social Responsibility and Employee Attitudes: Evidence from a Study of Polish Hotel Employees". Journal of Sustainable Tourism, 2015, 23 (6): 859 - 880.
274. Randall, M. L., Cropanzano, R., Borman, C. A., and Birjulim,

A. ,"Organizational Politics and Organizational Support as Predictors of Work Attitudes, job Performance, and Organizational Citizenship Behavior". Journal of Organizational Behavior, 1999, 20: 159 - 174.
275. R. Chinomona, E. Chinomona, "The Influence of Employees' Perceptions of Organizational Politics on Turnover Intentions in Zimbabwe's SME sector", South African Journal of Business Management, 2013 (44): 15 - 24.
276. Redding G. , Casey T. "Managerial Beliefs Among Asian Managers". Academy of Management Proceedings, 1976 (1), 351 - 355.
277. Redding, W. C. , "Rocking Boats, Blowing Whistles, and Teaching Speech Communication". Communication Education, Vol. 34, 1985: 245 - 58.
278. Redding, "The Spirit of Chinese Capitalism". Journal of International Business Studies, Vol. 23, No. 3, 1992: 572 - 574.
279. Roberts, K. H. , O'Reilly, C. A. , "Failures in Upward Communication in Organizations: Three Possible Culprits". Academy of Management Journa, Vol. 17. 1974: 205 - 15.
280. Rosen, S. and Tesser, A. , "On Reluctance to Communicate Undesirable Information: the MUM Effect". Sociometry, Vol. 33, 1970: 253 - 63.
281. Rotundo, M. , Sackett, P. R. "The Relative Importance of Task, Citizenship, and Counterproductive Performance to Global Ratings of Job Performance: A policy-capturing approach". Journal of Applied Psychology, 2002, 87 (1): 66 - 80.
282. Ryan A. , Schmit M. J. , Johnson R. "Attitudes and Effectiveness: Examining Relations at an Organizational Level". Personnel Psychology, 1996, 49 (4): 853 - 882.
283. Saucier, G. , and Ostendorf, F. "Hierarchical Subcomponents of the Big Five Personality Factors: A Cross-language replication". Journal of Personality and Social Psychology, 1999, 76, 613 - 627.
284. Schlenker BR1, Britt T. W. , Pennington J. , Murphy R. , Doherty K. , "The Triangular Model of Responsibility". Psychological Review,

Vol. 101, No. 4, 1994: 632 - 52.
285. S. Carnahan, D. Kryscynski, D. Olson, "How Corporate Social Responsibility Reduces Employee Turnover", Academy of Management Annual Meeting Proceeding 2015 (1): 14792.
286. Shackleton V. , "Leaders Who Derail" . Business Leadership, 1995: 89 - 100.
287. Silin, Leadership and value: The organization of large-scale Taiwan enterprises. Cambridege, MA: Harvard University Press, 1987.
288. S. Indartono, CHV Chen, "Moderating Effects of Tenure and Gender on the Relationship Between Perception of Organizational Politics and Commitment and Trust", South Asian Journal of Management, 2011, 18.
289. S. Li, "The Impact of Corporate Social Responsibility on Employee Performance and Cost", Review of Accounting and Finance, 2015, 14 (3): 262 - 284.
290. Snyder M. , Ickes W. , "Personality and social behavior. Handbook of Social Psychology, 1985: 11276 - 11281.
291. Sydänmaanlakka P. , "Intelligent Leadership and Leadership Competencies: Developing a Leadership Framework for Intelligent Organizations. HUT Industrial Management and Nook and Organisational Psychology. Dissertayion Series 2003, No. 4.
292. Tanford S, Penrod S. , "Social Inference Processes in Juror Judgments of Multiple-offense Trials" . Journal of Personality and Social Psychology, 1984, 47 (4): 749 - 765.
293. Tepper, B. J. , "Consequences of Abusive Supervision" . Academy of Management Journal, (2000) 43, 178 - 190.
294. Timming, "Employee silence and the authoritarian personality", International Journal of Organizational Analysis, 2015, 23 (1): 154 - 171.
295. Tony Dundon, Adrian Wilkinson, "Mick Marchington Peter Ackers: The Meanigs and Purpose of Employee Voice" . The International Journal of Human Resource Management, 15 (6), 2004: 1149 - 1170.

296. Vakola and Bouradas. , "Antecedents and Consequences of Organizational Silence: An Empirical Investigation". Employee Relations; 2005, (27), 4/5; 441 -458.

297. Valle et al. "Do Politics Perceptions Related to Political Behaviors? Tests of an Implicit Assumption and EXPANDED Model". Human Relations. 2000, 53 (3): 359 -386

298. Van Scotter, J. R. , Motowidlo, S. J. , Cross. T. C. , "Effects Oftask Performance and Contextual Performance on Systemic". Journal of Applied Psychology, 200, 85 (4): 526 -535.

299. Vigoda, Internal Politics in Public Administration Systems: An Empirical examination of Its Relationship with Job Congruence, Organizational Citizenship Behavior, and in-role Performance". Public Personnel Management, 2000, 29, 185 -210.

300. Westwood, Harmony and Patriarchy, "The Cultural basis for 'paternalistic headship' among the Overseas Chinese". Organization Studies, 1997 (18): 445 -470.

301. Wiener Y. , Commitment in Organization: A Normative View". Academy of management Review, 1982, 7 (3): 418 -428.

302. Williams, L. J. , Hazer, J. T. , "Antecendents and Consequences of Satisfaction and Commitment in Turnover Models: A Reanalysis Using Latent Variable Structural Equations Model". Journal of Applied Psychology, 1986, 71: 219 -231.

303. Witt, L. A. , "Enhancing Organizational Goal Congruence: A Solution to Organizational politics". Journal of Applied Psychology, 1998, 83 (4): 666 -674.

304. Woodman R. W. , Wayne S. J. , "An Investigation of Positive-findings Bias in Evaluation of Organization Development Interventions". Academy of Management Journal, 1985, 28 (4): 889 -913.

305. Woodroffe, Rosemary Brigitte, "Factors affecting reproductive success in the European Badger", Meles meles L. University of Oxford, 1992.

306. Wu, C., Parker, S. K., "The Role of Attachment Styles in Shaping Proactive Behavior: An Intra-individual Analysis". Journal of Occupational and Organizational Psychology, 85, 523 – 530.
307. W. W. Yen, "Relationships Among Perceptions of Organizational Politics (POPs), Work Motivation and Salesperson Performance", Journal of Management and Organization, 2015, 21 (02): 1 – 14.
308. Y. Fan, K. Zhang, L. Yan, MA Guimei, X, ian Jiaotong University, "Impact of Organizational Culture Sociability and Solidarity on Employee Silence: The Moderation of Employee's Collectism". Chinese Journal of Management, 2014.
309. Y. Li and J. M. Sun, "Traditional Chinese Leadership and Employee Voice Behavior: A Cross-level Examination". Leadership Quarterly, 2015, 26 (2): 172 – 189. Journal of Interdisciplinary Mathematics, Vol. 18, Iss. 6, 2015.
310. Z. Z. Wang, "Employee Silence: Innovation Barriers and Solutions for Intellectual Organizations", Journal of Guangdong Polytechnic Normal University, 2014.
311. Zhou and Ferris., "The Dimensions and Consequences of Organzational Politics Perceptions: A Confirmatory Analysis". Journal of Applied Social Psychology, 1995, 25 (19): 1747 – 1764.

附　录

附录1　访谈提纲

您好！我是吉林大学的一名博士生，正在作一篇关于威权领导、员工沉默行为和员工绩效关系的博士论文，有一些与研究相关的问题想与您交流，感谢您在百忙之中为我提供的帮助！

（1）您工作多长时间了？您的岗位类别？您所在企业类型？

（2）我们对于威权领导的解释是："领导对员工有绝对不容置疑的权威，并且绝对控制员工，要求员工对领导行为必须遵从。"从您的角度和体验来看，怎么理解组织中的威权领导？您认为什么是威权领导？

（3）结合您的观察和工作，您认为威权领导通常有什么行为表现？

（4）您认为，威权领导会给员工带来什么影响？

（5）您能否根据个人工作经验，介绍一些威权领导行为的具体事件。

（6）您认为，您的组织中是否存在一些投机者，例如溜须拍马的人，是什么样的原因造成了他们的这种行为？

（7）在日常工作中，面对组织中那些有权势的人，您对待他们的态度怎样？如果与他们的意见产生分歧，您会怎么做？

（8）我们对于员工沉默行为的解释是："员工拥有改善相关组织现状的观点和建议，却因为种种原因而有目的进行保留和隐瞒的行为。"从您的角度和体验来看，怎么理解组织中的员工沉默行为？

（9）结合您的观察和工作，您认为员工沉默通常有什么行为表现？

（10）您能否根据个人工作经验，介绍一些员工沉默行为的具体事件？

（11）您觉得是什么原因导致了员工沉默行为的发生？

（12）您认为，如果组织中存在员工沉默现象，会带来什么后果？

（13）您认为，采取哪些措施可消除或者避免员工沉默行为的不良后果？

（14）您认为，培养员工的责任心，提高员工的责任感，能否减少员工沉默行为对其工作绩效的影响？

附录2　小样本预测试问卷

本问卷是一份学术性研究问卷，采取匿名填写，关心的是家长式领导、员工沉默和工作绩效之间的关系，答案没有"对"与"错"之分，且本问卷只作为所有问卷中的一部分进行整体的统计分析，每份问卷不会单独使用。您只需要根据实际情况填写即可。调查结果仅供研究之用，不会对外公开，也真诚地希望我的研究可以为社会做出贡献。

第一部分：您的基本信息

1. 您的性别：

A. 男　B. 女

2. 您的年龄：

A. 20~30 岁　　B. 31~40 岁　　C. 41~50 岁　　D. 51 岁及以上

3. 您的受教育程度：

A. 高中或中专及以下　　　　B. 大专

C. 本科　　　　　　　　　　D. 硕士及以上

4. 您在本单位的工作年限：

A. 1 年及以下　　B. 1~3 年　　C. 3~5 年　　D. 5~10 年

E. 10 年及以上

5. 您的职位类别：

A. 一般职员　　　　　　　　B. 基层管理者

C. 中层管理者　　　　　　　D. 高层管理者

6. 您所在单位类型：

A. 国有企业　　B. 民营企业　　C. 外资企业　　D. 合资企业

E. 其他

7. 您的岗位类别：

A. 技术/研发　　B. 生产/运营　　C. 市场/销售　　D. 财务/会计

E. 人力/行政　　F. 其他

8. 您所在企业的行业类型：

9. 您所在企业的资产规模：

10. 您所在企业员工的总数：

第二部分：个人评价

题　项	不符合	比较不符合	不确定	比较符合	符合
11. 领导要求我完全服从他（她）	1	2	3	4	5
12. 当我当众反对领导时，会遭到冷言讽刺	1	2	3	4	5
13. 领导心目中的模范部属，必须对他（她）言听计从	1	2	3	4	5
14. 本单位内大小事情都由领导独自决定	1	2	3	4	5
15. 开会时，做最后决定都会按领导的意思	1	2	3	4	5
16. 领导不把重要讯息透露给我们	1	2	3	4	5
17. 领导很少让我们察觉他（她）真正的意图	1	2	3	4	5
18. 在我们面前，领导表现出威严的样子	1	2	3	4	5
19. 与领导一起工作时，带给我很大的压力	1	2	3	4	5
20. 领导采用严格的管理方法与手段	1	2	3	4	5
21. 当任务无法达成时，领导会斥责我们	1	2	3	4	5
22. 领导强调我们的工作表现一定要超过其他部门	1	2	3	4	5
23. 领导遵照原则办事，触犯者会受到严厉的处罚	1	2	3	4	5
24. 领导已经基本决定了，我的意见不会起太大作用，所以什么都不说	1	2	3	4	5
25. 我的建议不会影响现行的状况，所以不发表意见	1	2	3	4	5
26. 领导采纳我建议的可能性很小，所以不发表意见	1	2	3	4	5
27. 领导不会更改一些决定，说了没有太大意义，所以保持沉默	1	2	3	4	5
28. 由于担心影响同事间的人际关系，所以不发表意见	1	2	3	4	5

续表

题 项	不符合	比较不符合	不确定	比较符合	符合
29. 为了免于成为众矢之的，所以沉默	1	2	3	4	5
30. 担心得罪领导和同事，所以不发表意见	1	2	3	4	5
31. 我和大家的关系都不错，碍于面子，还是不要提意见为好	1	2	3	4	5
32. 别人的事情和我没有关系，没必要讲	1	2	3	4	5
33. 我对企业的事情不关心，无所谓	1	2	3	4	5
34. 对于存在的问题，采用中庸之道，少说就没有太多责任	1	2	3	4	5
35. 我和企业的感情不深，没必要说	1	2	3	4	5
36. 我可以准确地完成自己的工作目标	1	2	3	4	5
37. 我总是按时完成分派给我的工作任务	1	2	3	4	5
38. 我能够高质量地完成工作	1	2	3	4	5
39. 我对工作时间有较高的利用率	1	2	3	4	5
40. 我愿意留在本部门继续工作	1	2	3	4	5
41. 我工作格外努力	1	2	3	4	5
42. 我总是能够主动帮助他人完成工作	1	2	3	4	5
43. 我经常能够主动承担本职工作以外的其他工作	1	2	3	4	5
44. 在我们单位，有人喜欢踩着别人往上爬	1	2	3	4	5
45. 我们单位中总是会有一些惹不起的势力群体	1	2	3	4	5
46. 我们单位鼓励大家积极建言献策，甚至允许对执行多年的政策规定提出批评和改进意见	*1*	*2*	*3*	*4*	*5*
47. 在我们单位，做事情最好按部就班，不要总想着别出心裁，玩什么新花样	1	2	3	4	5
48. 要想在我们单位混下去，永远不要去得罪那些有权势的人	1	2	3	4	5
49. 那种只会对领导点头哈腰的应声虫在我们单位是不受欢迎的；单位鼓励我们大胆提出建设性意见，只要是好的建议，甚至还可以和领导叫板	*1*	*2*	*3*	*4*	*5*
50. 有时，跟现有体制较劲不如隐忍顺应省事	1	2	3	4	5
51. 在我们单位，有时候实话实说不如拣人家爱听的说更实际	1	2	3	4	5
52. 在我们单位，听听别人的忠告比自己闭门造车更稳妥	1	2	3	4	5

续表

题 项	不符合	比较不符合	不确定	比较符合	符合
53. *从我工作以来，我们单位所有的加薪和提拔决定都符合相关规定，没人玩弄权术*	*1*	*2*	*3*	*4*	*5*
54. 在我们单位，薪酬和晋升制度就是个摆设，等执行的时候压根就不是这么回事	1	2	3	4	5
55. 在我们单位现有体制下，即使我符合条件也不一定能得到晋升和政策嘉奖	1	2	3	4	5
56. *印象中，我们单位的加薪和提拔都是按规定执行的*	*1*	*2*	*3*	*4*	*5*
57. 我们单位没有明文规定员工在什么情况下可以获得加薪和提拔	1	2	3	4	5
58. 在我们单位，那些获得提拔的人也没什么好羡慕的，他们被提拔不是因为才华出众，而是依靠关系和手段实现的	1	2	3	4	5
59. 我有责任给工作带来新的变化（例如提高服务质量等）	1	2	3	4	5
60. 我有责任改善自己所处的工作环境（包括人际关系等方面）	1	2	3	4	5
61. 我有义务适时改进我的工作方法与程序	1	2	3	4	5
62. 我有责任指出或改正工作中出现的问题	1	2	3	4	5
63. 我有责任挑战或者改变自己现在的工作地位	1	2	3	4	5

注：粗体倾斜题项为小样本预测试后删除题项，小样本预测时字体与其他的一样，大样本调查附录中不再列出。

附录3　大样本调查问卷

尊敬的女士/先生：

　　您好！感谢您在百忙之中阅读和填写本问卷！

　　本问卷是一份学术性研究问卷，采取匿名填写，关心的是家长式领导、员工沉默和工作绩效之间的关系，答案没有"对"与"错"之分，且本问卷只作为所有问卷中的一部分进行整体的统计分析，每份问卷不会单独使用。您只需要根据实际情况填写即可。调查结果仅供研究之用，不会对外公开，也真诚地希望我的研究可以为社会做出贡献。

本问卷共包含两个部分：第一部分是您的个人基本信息；第二部分是有关您在日常工作中的一些体会和自我评价的描述，请阅读以下每一条陈述，并根据您的真实感受，在相应的选项下方打"√"。

【第一部分】您的基本信息

1. 您的性别：

A. 男　　B. 女

2. 您的年龄：

A. 20~30 岁　　B. 31~40 岁　　C. 41~50 岁　　D. 51 岁及以上

3. 您的受教育程度：

A. 高中或中专及以下　　　　B. 大专

C. 本科　　　　　　　　　　D. 硕士及以上

4. 您在本单位的工作年限：

A. 1 年及以下　　B. 1~3 年　　C. 3~5 年　　D. 5~10 年

E. 10 年及以上

5. 您的职位类别：

A. 一般职员　　B. 基层管理者　　C. 中层管理者　　D. 高层管理者

6. 您所在单位类型：

A. 国有企业　　B. 民营企业　　C. 外资企业　　D. 合资企业

E. 其他

7. 您的岗位类别：

A. 技术/研发　　B. 生产/运营　　C. 市场/销售　　D. 财务/会计

E. 人力/行政　　F. 其他

8. 您所在企业的行业类型：

9. 您所在企业的资产规模：

10. 您所在企业员工的总数：

【第二部分】个人评价

题　项	不符合	比较不符合	不确定	比较符合	符合
11. 领导要求我完全服从他（她）	1	2	3	4	5
12. 当我当众反对领导时，会遭到冷言讽刺	1	2	3	4	5
13. 领导心目中的模范部属，必须对他（她）言听计从	1	2	3	4	5
14. 本单位内大小事情都由领导独自决定	1	2	3	4	5
15. 开会时，做最后决定都会按领导的意思	1	2	3	4	5
16. 领导不把重要讯息透露给我们	1	2	3	4	5
17. 领导很少让我们察觉他（她）真正的意图	1	2	3	4	5
18. 在我们面前，领导表现出威严的样子	1	2	3	4	5
19. 与领导一起工作，会带给我很大的压力	1	2	3	4	5
20. 领导采用严格的管理方法与手段	1	2	3	4	5
21. 当任务无法达成时，领导会斥责我们	1	2	3	4	5
22. 领导强调我们的工作表现一定要超过其他部门单位	1	2	3	4	5
23. 领导遵照原则办事，触犯者会受到严厉的处罚	1	2	3	4	5
24. 领导已经基本决定了，我的意见不会起太大作用，所以什么都不说	1	2	3	4	5
25. 我的建议不会影响现行的状况，所以不发表意见	1	2	3	4	5
26. 领导采纳我建议的可能性很小，所以不发表意见	1	2	3	4	5
27. 领导不会更改一些决定，说了没有太大意义，所以保持沉默	1	2	3	4	5
28. 由于担心影响同事间的人际关系，所以不发表意见	1	2	3	4	5
29. 为了免于成为众矢之的，所以沉默	1	2	3	4	5
30. 担心得罪领导和同事，所以不发表意见	1	2	3	4	5
31. 我和大家的关系都不错，碍于面子，还是不要提意见为好	1	2	3	4	5
32. 别人的事情和我没有关系，没必要讲	1	2	3	4	5
33. 我对企业的事情不关心，无所谓	1	2	3	4	5
34. 对于存在的问题，采用中庸之道，少说就没有太多责任	1	2	3	4	5
35. 我和企业的感情不深，没必要说	1	2	3	4	5

续表

题 项	不符合	比较不符合	不确定	比较符合	符合
36. 我可以准确地完成自己的工作目标	1	2	3	4	5
37. 我总是按时完成分派给我的工作任务	1	2	3	4	5
38. 我能够高质量地完成工作	1	2	3	4	5
39. 我对工作时间有较高的利用率	1	2	3	4	5
40. 我愿意留在本部门继续工作	1	2	3	4	5
41. 我工作格外努力	1	2	3	4	5
42. 我总是能够主动帮助他人完成工作	1	2	3	4	5
43. 我经常能够主动承担本职工作以外的其他工作	1	2	3	4	5
44. 在我们单位，有人喜欢踩着别人往上爬	1	2	3	4	5
45. 我们单位中总是会有一些惹不起的势力群体	1	2	3	4	5
46. 在我们单位，做事情最好按部就班，不要总想着别出心裁，玩什么新花样	1	2	3	4	5
47. 要想在我们单位混下去，永远不要去得罪那些有权势的人	1	2	3	4	5
48. 有时，跟现有体制较劲不如隐忍顺应省事	1	2	3	4	5
49. 在我们单位，有时候实话实说不如拣人家爱听的说更实际	1	2	3	4	5
50. 在我们单位，听听别人的忠告比自己闭门造车更稳妥	1	2	3	4	5
51. 在我们单位，薪酬和晋升制度就是个摆设，等执行的时候压根儿就不是这么回事	1	2	3	4	5
52. 在我们单位现有体制下，即使我符合条件也不一定能得到晋升和政策嘉奖	1	2	3	4	5
53. 我们单位没有明文规定员工在什么情况下可以获得加薪和提拔	1	2	3	4	5
54. 在我们单位，那些获得提拔的人也没什么好羡慕的，他们被提升不是因为才华出众，而是依靠关系和手段实现的	1	2	3	4	5
55. 我有责任给工作带来新的变化（例如提高服务质量等）	1	2	3	4	5
56. 我有责任改善自己所处的工作环境（包括人际关系等方面）	1	2	3	4	5
57. 我有义务适时改进我的工作方法与程序	1	2	3	4	5
58. 我有责任指出或改正工作中出现的问题	1	2	3	4	5
59. 我有责任挑战或者改变自己现在的工作地位	1	2	3	4	5

图书在版编目（CIP）数据

威权领导、员工沉默行为与绩效关系 / 杨术著. --
北京：社会科学文献出版社，2022.2
（华侨大学哲学社会科学文库 . 管理学系列）
ISBN 978 - 7 - 5201 - 9727 - 4

Ⅰ.①威… Ⅱ.①杨… Ⅲ.①企业管理 - 人力资源管理 Ⅳ.①F272.92

中国版本图书馆 CIP 数据核字（2022）第 019848 号

华侨大学哲学社会科学文库 · 管理学系列

威权领导、员工沉默行为与绩效关系

著　　者 / 杨　术

出 版 人 / 王利民
责任编辑 / 孙燕生　崔晓璇　张建中
责任印制 / 王京美

出　　版 / 社会科学文献出版社 · 政法传媒分社（010）59367156
　　　　　　地址：北京市北三环中路甲29号院华龙大厦　邮编：100029
　　　　　　网址：www.ssap.com.cn
发　　行 / 社会科学文献出版社（010）59367028
印　　装 / 三河市东方印刷有限公司

规　　格 / 开　本：787mm × 1092mm　1/16
　　　　　　印　张：13　字　数：204千字
版　　次 / 2022年2月第1版　2022年2月第1次印刷
书　　号 / ISBN 978 - 7 - 5201 - 9727 - 4
定　　价 / 78.00元

读者服务电话：4008918866

版权所有 翻印必究